Quo vadis, Soziale Arbeit?

ZWISCHEN FACHLICHKEIT UND PRAGMATISMUS

GEMEINSAMER BERICHT

des Forschungsteams

Angelina Bauer, Sandra Mieske, Jérôme Rusch, Benjamin Walther

unter wissenschaftlicher Leitung von

Prof. Dr. Andreas Lampert

wissenschaftliche Assistenz

Sophia Fabian

FSC
www.fsc.org
MIX
Papier aus verantwortungsvollen Quellen
Paper from responsible sources
FSC® C105338

Impressum

Bibliografische Information der Deutschen Nationalbibliothek: Die Deutsche Nationalbibliothek verzeichnet diese Publikation in der Deutschen Nationalbibliografie; detaillierte bibliografische Daten sind im Internet über dnb.dnb.de abrufbar.

Herstellung und Verlag: BoD – Books on Demand, Norderstedt
ISBN: 978-3-7526-8797-2

Inhalt

Abkürzungsverzeichnis

B.A. = Bachelor of Arts

BAföG = Bundesausbildungsförderungsgesetz

BMBF = Bundesministerium für Bildung und Forschung

DBSH = Deutscher Berufsverband für Soziale Arbeit e.V. EAH = Ernst-Abbe-Hochschule

ECTS = European Credit Transfer System FH = Fachhochschule

FuE-Projekt = Forschungs- und Entwicklungsprojekt

HzE = Hilfen zur Erziehung

IFSW = Internationaler Zusammenschluss der Profession Sozialer Arbeit KfW = Kreditanstalt für Wiederaufbau

M.A. = Master of Arts

SGB = Sozialgesetzbuch

SWS = Semesterwochenstunden

WS/WiSe = Wintersemester

Abbildungen

DANKSAGUNG

Keine Studie entsteht ohne die entsprechende Unterstützung. So soll zu Beginn der Ausführungen allen Personen gedankt werden, die diese Studie überhaupt möglich gemacht haben.

Zuvorderst gilt der Dank den Dekanaten der Fachhochschule Erfurt, Fakultät *Angewandte Sozialwissenschaften* und der Ernst - Abbe - Hochschule Jena, *Fachbereich Sozialwesen*. An beiden Hochschulen haben die Dekanate und maßgeblich die Praxisämter bei der Verbreitung der Studie mitgewirkt. Ohne diese wäre das Erreichen der Zielgruppen kaum möglich gewesen.

Ein weiterer Dank geht an all jene, die sich Zeit genommen haben die Fragen zu beantworten und die Fragebögen zurückzusenden. Besonders wertvoll waren die Anmerkungen in den Freitexten. Von den qualitativen Anmerkungen hat das Forschungsteam enorm profitiert.

Ein herzlicher Dank geht auch an Sophia Fabian, die als wissenschaftliche Assistenz das Forschungsteam auch oft im Hintergrund durch die Koordination oder die Übernahme administrativer Aufgaben unterstützt hat.

Einleitung

„Wer ernten will, mu[ss] erst den Samen streuen" - William Shakespeare

Als stützende Säule der gesellschaftlichen Infrastruktur sind soziale Dienstleistungen auf entsprechend ausgebildetes Fachpersonal angewiesen. Disziplinübergreifende Studien, wie die *Arbeitsmarktprognose 2030 (2013)* vom Bundesministerium für Arbeit und Soziales, der *Sozialwirtschaftsbericht Thüringen* (2012), die Studie *Blickpunkt Arbeitsmarkt – Akademikerinnen und* Akademiker (2018) von der Bundesagentur für Arbeit oder die Erhebung *Fachkräfteentwicklung in der Thüringer Gesundheits- und Sozialwirtschaft (2010)* der PARITÄTISCHEN Tarifgemeinschaft Thüringen, vergegenwärtigen die Relevanz der Thematik.

Ausgangspunkt für diese Studie waren Rückmeldungen Studierender der Ernst-Abbe-Hochschule Jena. Diese führten insbesondere in praktikumsbegleitenden Veranstaltungen (Supervisionen) erhöhte Belastungsfaktoren während des Praktikumszeitraums an. Gleichermaßen wird in Gesprächen mit Praxiseinrichtungen deutlich, dass diese einerseits zwar einen Bedarf an Fachpersonal reklamieren, andererseits offene Stellen zunehmend schwieriger besetzen können. Beide Argumentationen legen einen Zusammenhang nahe, welcher für die Studie leitend war. So geht es um angewandte und mögliche Rekrutierungsansätze von Fachpersonal, um die Bedeutung von Fachpersonal in der Praxis und auch um die Verzahnung zwischen der akademischen (Aus-)Bildung in Sozialer Arbeit an der Ernst-Abbe-Hochschule Jena und der Fachhochschule Erfurt. Der unmittelbare Zusammenhang zwischen Studium und Praxis wird erstmals in den Praktikumsphasen relevant. Somit stehen diese Bildungsabschnitte im Fokus der Studie. Der Zusammenhang zwischen akademischer Bildung und Praxis ist gleichermaßen für die Entwicklung eines professionellen Habitus künftiger Sozialarbeiter*innen relevant.

Die Ergebnisse der Studie legen hohe Beanspruchungstendenzen auf beiden Seiten offen. In der Praxis führen komplexe soziale Probleme zu hohen Anforderungen an die Fachlichkeit des Personals, welches sich immer schwerer finden lässt. Auf Seiten der Studierenden in Praktika Sozialer Arbeit eröffnet die steigende Nachfrage nach Fachkräften einerseits Wahlmöglichkeiten. Andererseits führen diese jedoch auch zu Überforderungserscheinungen in komplexen Hilfesettings. Immens wichtige Arbeitsfelder Sozialer Arbeit (beispielsweise in existenzsichernden Bereichen) sind schwer mit Fachpersonal besetzbar oder zeichnen sich durch eine hohe Fluktuation aus. Ähnliche Schwierigkeiten werden auch für Arbeitsbereiche deutlich, die in ländlichen Gebieten angesiedelt sind. Daher ist die Studie auch auf die Generierung möglicher Entwicklungsansätze gerichtet, die zwischen Wissenschaft und Praxis zu gelingenden Ansätzen der Kooperation für die Sicherung einer fachlich adäquaten Unterstützung von Menschen in sozialen Notlagen, der Absicherung einer qualitativ hochwertigen Arbeit innerhalb heterogener Trägerstrukturen und der Weiterentwicklung der Sozialarbeitswissenschaften in Theorie und Methoden beitragen können.

Die Wahl des Titels der Studie: *"Quo vadis, Soziale Arbeit? Zwischen Fachlichkeit und Pragmatismus"* greift dies im Kern auf. Wohin gehst Du - Soziale Arbeit? Fällt die Profession eher einem Pragmatismus - die Dinge müssen eben getan werden - anheim? Anders formuliert: Wie lässt sich die Fachlichkeit Sozialer Arbeit im Kontext des gesellschaftlichen Wandels absichern?

Im Bericht aus der Forschung werden zunächst die Beweggründe für das Projekt sowie der aktuelle Forschungsstand beleuchtet. Konkret sind hierin die Situation der Studierenden während des Praxissemesters, der Fachkräftemangel und die Professionalisierung der Sozialen Arbeit Gegenstand der Betrachtung. Im Anschluss folgt eine detaillierte Darstellung des Forschungsdesigns, welche den Aufbau und das Design der Studie, die Stichprobenauswahl, sowie die Vorstellung der Fragebögen für Studierende und Praxispartner*innen einbezieht. Den Abschluss bilden die Auswertung der qualitativen und quantitativen Datenerhebungen und die Vorstellung der Ergebnisse inklusive weiterer Handlungsempfehlungen.

Im Forschungsbericht werden weitgehend genderneutrale Formulierungen verwendet. Sollte dies nicht realisierbar sein, wird auf die Schreibweise ~*innen zurückgegriffen. Wird vereinzelt dennoch auf das generische Maskulinum zurückgegriffen, dient dies lediglich der vereinfachten Lesbarkeit.

Aktueller Forschungsstand

Rückmeldungen in den Supervisionsveranstaltungen über zusätzliche Belastungsfaktoren während des Praxissemesters gaben Anlass, um die Situation von Studierenden im Rahmen einer Studie zu untersuchen. Anlass gaben weiterhin Gespräche in Sitzungen des Praxisbeirats am Fachbereich Sozialwesen der EAH Jena. Mit der explorativen Studie werden erstmals empirische Grundlagen für eine entwicklungsorientierte Diskussion geschaffen. Zu den artikulierten Belastungsfaktoren zählen beispielsweise das Angewiesen-Sein auf Nebentätigkeiten zur finanziellen Absicherung auch während der Praktikumsphasen und eine damit einhergehende hohe zeitliche Beanspruchung, welche kaum Raum für die Familie oder Care-Aufgaben lässt. Im Folgenden werden daher der aktuelle Forschungsstand zur finanziellen Lage von Studierenden und die (Studien- und Arbeitsplatz-) Rahmenbedingungen genauer beschrieben. Gleichermaßen wird die Thematik des Fachkräftemangels einbezogen. In welchem Ausmaß ist die Sozialwirtschaft in Thüringen hiervon überhaupt betroffen? Wie schätzen Arbeitsmarktprognosen die aktuelle Lage ein und welche Perspektiven und zukünftige Herausforderungen gibt es? Diese Aspekte werden im folgenden Kapitel näher beleuchtet.

Studienrahmenbedingungen der EAH Jena und FH Erfurt

Die Studienrahmenbedingungen stellen den Kontext dar, innerhalb dessen Studierende erstmals Praxiserfahrungen sammeln. Diese unterscheiden sich je nach Ausbildungsstätte zum Teil erheblich. Dies betrifft auch den Inhalt und den Aufbau der Praxiserfahrung. Im Zuge der vorliegenden Studie liegt der Fokus auf den Studienrahmenbedingungen der Ernst-Abbe-Hochschule Jena und der Fachhochschule Erfurt. Das Praxissemester nimmt im Studium B.A. der Sozialen Arbeit generell eine wichtige Rolle ein. Es soll dazu befähigen, „wissenschaftliche Erkenntnisse und methodisches Handlungswissen in unmittelbarem Bezug zu Klient*innen als Zielgruppen der Sozialarbeit/ Sozialpädagogik in deren Lebenssituation anzuwenden“ (Ernst-Abbe-Hochschule Jena, 2016, S. 11).

Der Ausbildungsplan sieht praxisbegleitende Lehrveranstaltungen und Supervisionen vor. Die Reflexion ist ein wichtiger Bestandteil, der nach Herzog (2011) den Bruch zwischen Theorie und Praxis „reparieren" kann. „Der Bruch, der Theorie und Praxis trennt, trennt auch Denken und Handeln, Planung und Ausführung" (Pfister, 2017, S. 130). So konstatieren Germain und Gitterman bereits (1988), dass die wissenschaftliche Reflexion einem Effekt entgegenwirken kann, welcher originär in sämtlichen Hilfekontexten zum Tragen kommen kann. Es handelt sich dabei um die (meist unbewusst) vor jeder Hilfemotivation aus gesellschaftlichen Kontexten internalisierten Stigmatisierung und Attribution von Benachteiligungen oder gar Defiziten, welche Hilfekontexte erst legitimieren und damit weitgehend unbewusst Asymmetrien zwischen Hilfesuchenden auf der einen Seite und den Helfer*innen auf der anderen Seite reproduzieren. Daher erscheint ein ökosozialer Blick auf sozial benachteiligende Prozesse, welcher den reflexiven Blick auf gesellschaftliche Kontexte und Interaktionen lenkt eher dazu geeignet, den Subjekten und der sozialen Umwelt gleichermaßen gerecht zu werden (Germain & Gitterman, 1988, S. 1–182).

Die Ziele der Praxisphase im Rahmen des obligatorischen Praktikums der EAH Jena und der FH Erfurt sind im Großen und Ganzen ähnlich. Dennoch unterscheidet sich die Struktur der Praxisphasen beider Hochschulen. Im Modulhandbuch[1] der EAH Jena ist das „Berufspraktisches Semester" wie folgt definiert:

> *„Das praktische Semester ist ein von der Hochschule geregelter, fachlich betreuter, durch Lehrveranstaltungen begleiteter Ausbildungsabschnitt in anerkannten Praktikumsstellen außerhalb der Hochschule, in denen einer berufserfahrenen Fachkraft die Anleitung übertragen wird. Das berufspraktische Studiensemester ist integrierter Bestandteil des Curriculums, bei dessen Ausgestaltung, Durchführung und Auswertung Hochschule und Praxisstellen eng zusammenarbeiten und Verantwortung dafür tragen, dass professionelles Handeln erlernt und reflektiert sowie die Berufsrolle und Berufsidentität entwickelt werden." (EAH Jena 2017: 39)*

[1] Hier wird auf das Modulhandbuch für den Gültigkeitszeitraum WS 2012/13 bis zur Immatrikulation im WS 2018/19 Bezug genommen. Die neuen Ordnungen, die ab der Immatrikulation im WS 2019/20 gelten, sind nicht berücksichtigt, da sie nicht die Zielgruppe der Studie betreffen.

Der Arbeitsaufwand für das gesamte Modul ist mit 900 Stunden angesetzt. Hiervon sind 736 Stunden für das Praktikum vorgesehen (23 Wochen x 32h), dazu kommen 90 Stunden (6 SWS) für die Praxisbegleitung und 45 Stunden (3 SWS) für die Supervision. Das praktikumsbegleitende Seminar und die Supervisionsveranstaltungen finden parallel zum Praktikum wöchentlich statt. Die Stundenzahl der Begleitveranstaltungen an der Ernst-Abbe-Hochschule Jena werden auf die wöchentliche Arbeitszeit in der Praktikumsstelle angerechnet, sodass daraus eine Anwesenheit von 32 Stunden wöchentlich in der Praxiseinrichtung resultiert (Ernst-Abbe-Hochschule Jena, 2016, S. 13). Das berufspraktische Semester wird nach dem Modulhandbuch im 4. Semester bis zu Beginn des 5. Semesters absolviert. Eine Verlängerung der Praxisphase von max. 3 Monaten ist nach begründetem Antrag der Studierenden zulässig (Ernst-Abbe-Hochschule Jena, 2016, 13f).

Im Modulkatalog der Fachhochschule Erfurt[2] wurde bis zur Immatrikulation im Wintersemester 2018/2019 das Praxissemester unter dem Modulnamen „Studienbegleitende Praxisphase" geführt. Die Ableistung wird hier ebenfalls im 4. und 5. Studiensemester empfohlen. Die Dauer beträgt zwei Semester und der Workload umfasst 780 Stunden (26 ECTS). Das reine Praktikum hat hier einen Umfang von 512 Stunden[3] (in einem Zeitraum von 16 Wochen; im Block während des 4. Semesters) und ist damit im Vergleich zur EAH Jena kürzer. Die Anwesenheitszeit in der Praxiseinrichtung beträgt ebenfalls 32 Stunden wöchentlich. Hinzu kommt die Praktikumsbegleitung mit 4 SWS und 208 Stunden, die für die Prüfungsvorbereitung, Selbststudium, zur Erstellung des Praktikumsberichtes und für das Praxiskolloquium vorgesehen sind (Fachhochschule Erfurt, 2019, S. 41). Der Modulkatalog sieht im 4. Semester außerdem ein Beratungsseminar mit 120 Stunden (4 ECTS) vor (vgl. ebd.). Fasst man das Begleitseminar (Beratung) mit 120 Stunden und die studienbeglei-

[2] Fassung des Modulkataloges für Studierende mit der Immatrikulation bis WiSe 2018/2019. Die neue Fassung des Modulkataloges der FH Erfurt für die Immatrikulation ab WiSe 2019/2020 wird hier nicht berücksichtigt, da dies die Zielgruppe der Studie nicht betrifft.

[3] Zum Vergleich: Im Modulkatalog der FH Erfurt für die Immatrikulation ab WiSe2019/2020 umfasst das Praktikum 560 Stunden.

tende Praxisphase mit 780 Stunden der FH Erfurt zusammen, so ergeben sich ähnlich wie an der EAH Jena eine Gesamtstundenzahl von 900 Stunden, für die 30 ECTS vergeben werden. Der studienbegleitenden Praxisphase geht an der FH Erfurt das Modul „Fallarbeit und Praxisvorbereitung" im 3. Semester voraus (Fachhochschule Erfurt, 2012, S. 157, 2019, 40f).

Abzugrenzen hiervon sind Orientierungspraktika, welche sowohl Bestandteil an der EAH Jena als auch an der FH Erfurt sind und zudem als Voraussetzung für das Praxissemester dienen. Ein sogenanntes Anerkennungsjahr ist kein Bestandteil des Studiums an den beiden Hochschulen. Studienintegrierte Praktika unterliegen einer speziellen rechtlichen Einordnung mit besonderen Rahmenbedingungen. Praktikant*innen im Rahmen eines studienintegrierten Praktikums, wie ein Praxissemester, behalten den Status als Student*in bei - durch den Praktikumsvertrag wird kein Arbeitsverhältnis begründet (Fachhochschule Erfurt, 2012, S. 162). Der Tarifvertrag für Praktikant*innen im Öffentlichen Dienst nach §1(2) TVPöD findet keine Anwendung[4].

Situation von Studierenden an Fachhochschulen

Der 13. Studierendensurvey ermittelte einen durchschnittlichen Arbeitsaufwand an Fachhochschulen von 29,2 Stunde pro Woche. Dieser setzt sich aus Lehrveranstaltungen, Selbststudium und studentischen Arbeitsgruppen zusammen (Bundesministerium für Bildung und Forschung, 2017, S. 8). Der zeitliche Aufwand für eine Erwerbstätigkeit liegt im Durchschnitt bei 7,3 Stunden pro Woche bzw. in Studiengängen der Sozialwissenschaften an Fachhochschulen bei 11,7 Stunden durchschnittlich (Bundesministerium für Bildung und Forschung, 2017, 8f). Somit steigt der Arbeitsaufwand während des Praxissemester automatisch um 10 Stunden an, wobei Fahrzeiten etc. noch nicht mit eingerechnet sind. Dies kann eine Ursache für zusätzliche Belastungen im Praxissemester darstellen. Über einen Studienabbruch denken im Schnitt 20 Prozent der Studierenden nach (Bundesministerium für

[4] Zur Vertiefung des Themengebiets kann hier auf die Ausarbeitung: „Situation Studierender Sozialer Arbeit im Praxissemester exemplarisch an zwei Thüringer Hochschulen" - Masterarbeit - zur Erlangung des akademischen Grades Master of Arts an der Ernst-Abbe-Hochschule Jena von Sophia Fabian (2020) verwiesen werden.

Bildung und Forschung, 2017, S. 10). Studienexterne Anforderungen haben unabhängig des jeweiligen Studienganges und studienintegrierten Praxisphasen einen zum Teil starken Einfluss auf Studierende.

Diese Belastungsfaktoren setzen sich vor allem aus Themen zu der (aktuellen) finanziellen Lage, persönlichen Probleme (z.B. Ängste und Depression), Erwerbstätigkeit und Berufsaussichten von Student*innen zusammen (Bundesministerium für Bildung und Forschung, 2017, S. 57). Bei Studierenden an Fachhochschulen überwiegt die Belastung vor allem aufgrund der finanziellen Situation und einer Erwerbstätigkeit gegenüber der von Student*innen an Universitäten (vgl. ebd.). Die folgende Grafik ermöglicht einen Überblick zu den studienexternen Anforderungen Studierender.

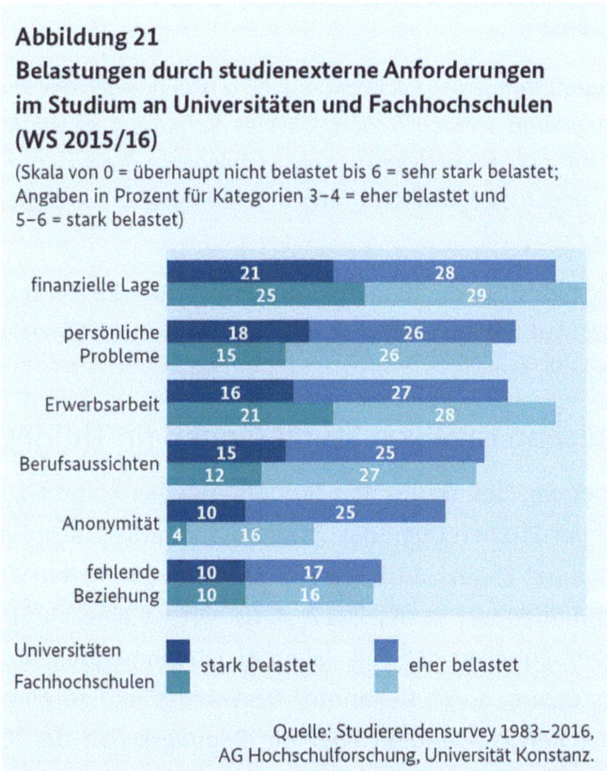

Abbildung 1: „Belastungen durch studienexterne Anforderungen im Studium an Universitäten und Fachhochschulen" (Bundesministerium für Bildung und Forschung, 2017, S. 57)

Während eines studienintegrierten Praktikums behalten Praktikant*innen den Status als Studierende bei. Als Studierende bleibt ihnen während des studienintegrierten obligatorischen Praktikums der Anspruch auf BAföG erhalten. Eine Praktikumsvergütung wird im Sinne des §23 Abs.3 BAföG in voller Höhe auf den Bedarf des Auszubildenden angerechnet (Bundesministerium für Bildung und Forschung, 2019). Die wirtschaftliche Situation von Praktikant*innen, vor allem in studienintegrierten Praktika wird als prekär eingeschätzt. Forderungen nach einer Finanzierung in Höhe des Existenzminimums werden dahingehend von mehreren Seiten erhoben. Auch dem Einsatz von Praktikant*innen als vollwertige Mitarbeiter*innen soll entgegengewirkt werden (Angermeier & Plettau, 2017, S. 222). Das Netzwerk „Prekäres Praktikum" setzt sich hierfür ein. In der Vorlage zum Praktikumsvertrag der FH Erfurt ist die Praktikumsstelle rechtlich nicht zu einer Vergütung verpflichtet, allerdings ist der Passus eingefügt, dass je

> *„[n]ach Haushaltslage mit Rücksicht auf die Leistungen der/des Studierenden jedoch geprüft werden [sollte], ob eine Vergütung gewährleistet werden kann" (§5/ 1 Praktikumsvertrag in Anlage 3 – Praktikumsordnung (PraO-BA - der Studiengangsspezifischen Bestimmungen des BA Soziale Arbeit an der FH Erfurt).*

Diese Formulierung greift Bedingungen in der Praxis auf, die mit der Refinanzierung zusammenhängen. Auf dieses Thema wird in der folgenden Diskussion noch eingegangen.

Zur wirtschaftlichen Lage von Studierenden (in Thüringen)

Die 21. Sozialerhebung des Deutschen Studentenwerks kommt zu dem Ergebnis, dass der Großteil der Studierenden das Studium durch die Eltern finanziert (86 Prozent), gefolgt von einer Erwerbstätigkeit (61 Prozent), 18 Prozent der Studierenden erhalten BAföG (Middendorf et al., 2017, 42ff). Oft ist eine Kombination aus verschiedenen Einnahmequellen der Fall. Weitere Einnahmequellen sind Ersparnisse, finanzielle Unterstützung durch Bekannte/ Verwandte und zu einem geringen Teil Studienkredite der KfW, Stipendien oder ein Bildungskredit der KfW. Die Zusammensetzung der Einnahmequellen hängt vom Alter der Studierenden ab (Middendorf et al., 2017, 43f). Hieraus lässt sich schließen, dass vor allem Studierende, die kein BAföG erhalten und/ oder nicht von den Eltern finanziell unterstützt werden können, auf eine Nebentätigkeit angewiesen sind[5]. Somit ist die Vereinbarkeit des Studiums und der Erwerbsfähigkeit, auch während Praxisphasen, für Studierende ein wichtiger Faktor. Die monatlichen Ausgaben für Miete einschließlich Nebenkosten lagen 2016 in Thüringen bei 263€. Im Ländervergleich sind das nach Sachsen die geringsten Ausgaben. Anhand des Zuwachses von 2012 zu 2016 in der Größe von 13 Prozent lässt sich vermuten, dass bis 2019 ein Zuwachs stattgefunden hat (Middendorf et al., 2017, 50ff). Aus der Sozialerhebung lässt sich entnehmen, dass 6 Prozent der Studierenden mindestens ein Kind haben. Studierende mit Kind absolvieren ihr Studium potenziell häufiger in Teilzeit (Middendorf et al., 2017, S. 25).

Die monatlichen Einnahmen der Studierenden variieren außerdem je nach den durchschnittlichen Lebenserhaltungskosten. In Thüringen lagen im Jahr 2016 die monatlichen Einnahmen von Studierenden, die nicht im elterlichen Haushalt lebten, bei 831€. Im Vergleich hierzu: 2012 lag der Durchschnittswert bei 720€ (Middendorf et al., 2017, S. 40).

Fachkräftemangel

Werden neben der Situation Studierender in Praxisphasen korrespondierende Bedingungen in der Praxis in den Blick genommen, dann ist es unerlässlich zu erklären, was unter dem Begriff der Fachkraft und des Mangels daran überhaupt zu verstehen ist (Fischer, 2021). Hierfür werden neben der Fachliteratur auch Studien herangezogen, welche sich mit diesem Thema beschäftigen.

---

[5] Eine Erhebung aus dem Jahr 2014 zu der sozioökonomischen Lebenssituation von Studierenden an drei Berliner Hochschulen der Sozialen Arbeit kommt zu dem Ergebnis, dass 67 Prozent einen Anteil ihrer Einnahmen aus einer Erwerbstätigkeit schöpfen. Diese Daten werden exemplarisch herangezogen, da es keine repräsentative Studie zu diesem Thema gibt. Die Werte verdeutlichen aber einen wichtigen Aspekt auch in Bezug einer möglichen Mehrfachbelastung im Rahmen eines Vollzeitstudiums und abzuleistender Praktika (Ketelsen (2014).

So schreibt Kathy Krüger, dass sich der demografische Wandel, durch sinkende Bevölkerungszahlen, eine höhere Lebenserwartung und steigende Anforderungen an Arbeitnehmer*innen, über einen langen Zeitraum auf den Arbeitsmarkt auswirken. Hinzu kommen noch längerfristig zu beobachtende Faktoren, welche mit Zuwanderungen und Fluchtbewegungen oder auch wirtschaftlichen Prozessen im Zuge der Auswirkungen der Corona-Pandemie verbunden sind. Bereits an dieser Stelle wird deutlich, dass Begriffe, wie Fachkraft und ein Mangel an Fachkräften weit über territoriale Kontexte hinaus auf ein multidimensionales Geschehen hinweisen.

Soziale Veränderungen bringen Innovationen in der sozialen Praxis und der akademischen Bildung gleichermaßen mit. Gesamtgesellschaftlich betrachtet kamen neue Branchen hinzu, welche beispielsweise in Bereichen der Digitalisierung einen hohen Bedarf an Fachkräften mit entsprechenden Bildungshintergründen und neuartigen Aufgabenquerschnitten vermelden. Gerade im sozialen Sektor stehen zahlreiche Felder im Kontext der Praxisdurchdringung mit neuen Medien (z. Bsp. Onlineberatung) noch am Beginn der wissenschaftlichen Reflexion und Forschung (Engel, 2019; Kasten & Lampert, 2021). In Bereichen der Pflege, sowie auch in der Kinder- und Jugendhilfe und der Flüchtlingsarbeit, aber auch in weiteren Bereichen, geben viele Organisationen an, vom Fachkräftemangel betroffen zu sein. Dies zeichnet sich durch offene und kaum bzw. nicht wiederbesetzbare Arbeitsstellen aus. So wird in Statistiken die durchschnittliche Vakanz mit 67 Tagen nur geringfügig unterhalb derer ausgewiesen, die mit 92 Tagen für alle akademischen Berufe angegeben ist (Bundesagentur für Arbeit, 2018, 100ff). Zwar werden auch Qualifikationsprofile als Gründe für vakante Stellen genannt, insbesondere wird aber die Befristung vieler Stellenangebote als Problem angeführt.

Ungeachtet dessen stehen Arbeitssuchende vor einer größer werdenden Auswahl an verfügbaren Stellen, sodass der Wettbewerbs - und Konkurrenzdruck unter den Vereinen und Unternehmen nicht unberücksichtigt bleiben kann (Krüger, 2018, 13ff).

Weiterhin ändern neue Prioritäten der gerade auf in den Arbeitsmarkt einmündenden und der heranwachsenden Generationen die Art und Weise der Ansprüche an eine Erwerbsarbeit und auch die Rekrutierung. Die sogenannten *Net Generationen* werden in der Fachliteratur unterschiedlich definiert. So erfasst z. Bsp. Gasser (2008, S. 35) nicht nur die kalendarischen Jahreszahlen, um diese zu beschreiben, sondern ergänzt diese inhaltlich auch wie folgt, als die jungen Menschen

> *„die 1. nach 1980 geboren sind, 2. die über Zugang zu digitalen Technologien im Allgemeinen und dem Internet im Besonderen verfügen, und 3. die über das nötige Wissen verfügen, um die digitalen Technologien sinnvoll einzusetzen." (Weise, 2011, S. 34)*

Die in den Arbeitsmarkt einmündenden Personen sind zudem demografisch betrachtet zahlenmäßig weniger und haben daher eine größere Auswahl auf dem Arbeitsmarkt (Bundesagentur für Arbeit, Regionaldirektion Sachsen-Anhalt-Thüringen, 2020). Weiterhin ist ein Wertewandel zu beobachten. Gab es vorher mehr Arbeitssuchende als zu besetzende Stellen ist mittlerweile das Gegenteil der Fall. Die in den Arbeitsmarkt einmündenden Personen sind sich ihrer Wahlmöglichkeiten bewusst und ziehen Kriterien wie Familie, Freunde, Freizeit, erfülltes Privatleben oder Aufstiegsmöglichkeiten in das Engagement für eine beruflichen Tätigkeit ein. Sie wählen eine*n potentielle*n Arbeitgeber*in sorgsam aus. Auf den Wandel in den Einstellungen zum Stellenwert der beruflichen Tätigkeit machen die Sinusstudien aufmerksam (Calmbach & Schleer, 2020). Damit steht nicht mehr nur das Gehalt und die Arbeitszeit im Vordergrund eines beruflichen Engagements. Potentielle Mitarbeiter*innen interessieren sich sehr viel stärker für Arbeitsbedingungen, den Führungsstil, eine kollegiale Zusammenarbeit, ein förderndes Arbeitsklima, Vertragssicherheit und eine flexible Arbeitszeitmitgestaltung gerade auch in sozialen Tätigkeitsfeldern (Kasten, Anna, Lampert, Andreas, 2020). Implizite Netzwerke, Vernetzungen zwischen Personen durch das immer schneller werdende Internet vereinfachen den Austausch zwischen den Menschen und damit auch die Entscheidungen für oder gegen eine*n Arbeitgeber*in. Erfahrungen und Informationen werden in Netzwerken weiterverbreitet. Durch Soziale Medien haben sich Beziehungen und das soziale Umfeld verändert und Jobangebote sind nicht nur regional eingeschränkt verfügbar (Krüger, 2018, 15ff). Die paritätische Tarifgemeinschaft Thüringen hat gemeinsam mit dem Europäischen Sozialfonds, sowie zwei thüringischen Ministerien eine Datengrundlage für den Fachkräftebedarf in der Sozialwirtschaft für die Jahre zwischen 2010 und 2020 erstellt. Dort wird sichtbar, dass aufgrund von demografischen Entwicklungen das Angebot an Fachkräften massiv sinken wird (Ehrlich et al., 2010, S. 24–26).

Ungeachtet dessen steigen beispielsweise aufgrund der Komplexität von Lebenssituationen die Fallzahlen an. Diese treffen jedoch auf einen Rückgang der Zahl an Erwerbsfähigen. Zwei Drittel der befragten Einrichtungen klagen jetzt schon über Fachkräftemangel in ihren Unternehmen (Ehrlich et al., 2010, S. 26–29). Viele deutsche junge Fachkräfte ergreifen berufliche Chancen im Ausland. Innerhalb Deutschlands ziehen Arbeitnehmer*innen aus den ostdeutschen Bundesländern aufgrund besserer Verdienstmöglichkeiten nach Westdeutschland um, auch wenn sich dieser Trend allmählich abschwächt (Bundesagentur für Arbeit, 2019; Ehrlich et al., 2010, S. 50–51). Die Organisationen wurden befragt, welche Möglichkeiten zu Fachkräfterekrutierung sie in Anspruch nehmen. Hierbei fallen große Lücken in Hinsicht auf Kontakt zu Ausbildungsstätten, Fachhochschulen und (freien) Trägern auf. Übergreifend zeigt sich, dass die Akquirierung neuen Personals zunehmend schwieriger wird (Ehrlich et al., 2010, S. 9; Ehrlich, Martin, Hänel, Anja, 2012, 87ff). Persönliche Kontakte, die Stellenbörse der Bundesagentur für Arbeit oder auch Stellenausschreibungen im Internet bilden die hauptsächlichen Formen der Akquisition neuen Personals (Ehrlich et al., 2010, 53ff).

Mit dem steigenden Alter der Bevölkerung sinkt auch die Zahl der erwerbstätigen Personen. Im Jahr 2016 war bereits jeder fünfte Erwerbstätige mit einem akademischen Abschluss über 55 Jahre alt. Dies entspricht 1,9 Millionen Menschen. Viele aus dieser Zielgruppe sind nun im Jahr 2020 bereits in Rente oder gehen in den nächsten Jahren in den Ruhestand. Damit geht einher, dass viele berufserfahrene Akademiker*innen die verschiedenen Berufsfelder verlassen werden. Ungeachtet dessen steigt laut einer Studie der Bundesagentur für Arbeit die Nachfrage nach Personen mit Hochschulbildung. Trotz des demografischen Wandels sind der Studie zufolge bereits im Jahr 2017 6 % mehr Akademiker*innen als im Vorjahr sozialversicherungspflichtig beschäftigt (Bundesagentur für Arbeit, 2018, 9ff).

Dieser Trend wird in den nächsten Jahren weiter anhalten. Allerdings werden Stellen in Bereichen mit hoher Verantwortung schwieriger zu besetzen sein, da junge Berufsanfänger*innen, welche direkt vom Studium kommen in der Regel noch über keine lange Berufserfahrung verfügen. Berufliche Vorerfahrungen werden mittlerweile allerdings auch in Nicht-Führungspositionen erwartet (Bundesagentur für Arbeit, 2018, S. 8–14). Die Studie der Bundesagentur zeigt allerdings auch, dass Berufe in sozialwissenschaftlichen Bereichen, insbesondere in Hinblick auf Einkommen und die Aufstiegschancen, die niedrigste akademische Berufszufriedenheit aufweisen (Bundesagentur für Arbeit, 2018, S. 44). Dennoch ging in den letzten Jahren die Arbeitslosigkeit insbesondere im sozialen Bereich signifikant zurück. Dies lässt sich durch einige Faktoren begründen. So trägt einerseits der bereits erwähnte demografische Wandel dazu bei, dass der Bedarf an der Betreuung und Beratung von älteren Menschen steigt. Die Zahl an Geburten, die Zuwanderung und die inklusive Beschulung trägt zum Bedarf an Kinderbetreuung und Schulsozialarbeit bei (Reich, 2012). Seit 2015 ist eine stärkere Zuwanderung durch Flucht und Asylanträge zu verzeichnen, wodurch neue Stellen im Bereich der Kinder- und Jugendhilfe oder in den Arbeitsfeldern mit der Zielrichtung *Inklusion* und *Integration* geschaffen wurden (Bundesagentur für Arbeit, 2018, 98ff). Blicken wir etwas genauer auf das Bundesland Thüringen, so ist erkennbar, dass die Nachfrage nach Sozial- und Gesundheitsdienstleistungen steigt. Jedoch sinkt die Zahl der qualifizierten Nachwuchskräfte (Ehrlich, Martin, Hänel, Anja, 2012, 13ff). Gerade ländliche Räume sind vom demografischen Wandel besonders betroffen. Soziale Einrichtungen stellen hier einerseits einen wesentlichen Beitrag für den Erhalt der Lebensqualität und der Daseinsvorsorge dar. Andererseits geraten soziale Dienstleistungen gerade in ländlichen Sozialräumen in den Fokus zentraler Fragestellungen, wie die Absicherung der Mobilität, die Verteilung sozialer Dienstleistungen oder auch von Wertschöpfungen im Sinne eines *Social Return on Investment (Deutschland, 2015; Ehrlich, Martin, Hänel, Anja, 2012, 83ff)*. Neben der Fachkräfteproblematik herrscht in ländlichen Gebieten ein Finanzierungsengpass, der das Wachstum der Branche, die Verfügbarkeit und die Absicherung der Qualität erbrachter Leistungen gefährdet. Hierfür wird angemahnt, dass die Zusammenarbeit zwischen Leistungserbringern und Kostenträgern verbessert, sowie die Ausbildung und Bindung von Fachpersonal im Hinblick auf die Planung und die Finanzierung sozialer Dienstleistungen ausgebaut werden (Ehrlich, Martin, Hänel, Anja, 2012, 14ff).

Professionalisierungsdebatte

Speziell in Bezug auf den Fachkräftemangel sind die gesetzlichen Anforderungen nicht unerheblich. Die einzelnen Tätigkeitsbereiche sind (mehr oder weniger) strengen Fachkräftegeboten unterworfen. Folglich rückt die Frage nach Definitionsansätzen von Fachkräften im Kontext Sozialer Arbeit in den Vordergrund. Diese wird aus den Blickwinkeln der Akteur*innen unterschiedlich beantwortet. Allgemein betrachtet können die Anforderungen zur Erteilung der staatlichen Anerkennung herangezogen werden. Ergänzend sind die Aufgaben und Ziele der Sozialen Arbeit hinzuzuziehen, wodurch schließlich die Frage nach der Professionalität und der Professionalisierung in den Fokus gerät. In diesem Abschnitt werden die Fachdiskussionen zu dieser Thematik schlaglichtartig beleuchtet. Als typisches Beispiel für die öffentliche Wahrnehmung als Fachkraft Sozialer Arbeit dienen die gesetzlichen Vorgaben in den Bereichen der Kinder- und Jugendhilfe. So werden insbesondere in den §§72, 74 und 79 SGB VIII eine *entsprechende Ausbildung*, die *persönliche Eignung* und *besondere Erfahrungen* in der Sozialen Arbeit als Grundlage der Beurteilung genannt. Für spezifische Einsatzbereiche können Zusatzausbildungen, wie besondere Kenntnisse und Kompetenzen in Referenzsystemen der Adressat*innen gefordert werden (Bundesarbeitsgemeinschaft der Landesjugendämter, 2005). Die einzelnen Schwerpunkte innerhalb des SGB VIII unterliegen wiederum weiterführenden Regularien (Brinkerhoff, Uwe, Adolph, 2012; Freistaat Thüringen, Ministerium für Soziales, Familie und Gesundheit, 2013). Im Rahmen der Betriebserlaubnis handeln öffentliche Träger mit den freien Trägern den Einsatz und die Grundlagen für das, im Tätigkeitsbereich anerkannte Fachpersonal aus (z. Bsp. im Bereich der Ganztagsbetreuung von Kindern- und Jugendlichen nach § 45 SGB VIII)[6]. Die persönliche Eignung wird neben der Ausbildung in § 72 SGB VIII als unbestimmter Rechtsbegriff, für die Aufgaben im jeweiligen Arbeitsfeld spezifisch zu definierender Begriff als Voraussetzung für die Anerkennung als Fachkraft herangezogen (Brinkerhoff, Uwe, Adolph,

---

[6] Die erwähnten Paragraphen sind lediglich exemplarisch herangezogen. Die genauere Betrachtung der gesetzlichen Vorgaben in den einzelnen Tätigkeitsfeldern kann hier nicht in aller Ausführlichkeit behandelt werden.

2012; Freistaat Thüringen, Ministerium für Soziales, Familie und Gesundheit, 2013). Die konkrete Bedeutung wird aus dem jeweiligen Aufgabenbereich erschlossen. Für den hier relevanten Kontext werden Standards für die staatliche Anerkennung im Kontext Sozialer Arbeit herangezogen. Die spezifischen Regelungen und Voraussetzungen sind den Sozialberufeanerkennungsgesetzen der Länder geregelt (Deutscher Berufsverband für Soziale Arbeit e.V.). In bundesweit geltenden Standards wird im Kern die praktische Tätigkeit als Voraussetzung aufgegriffen und damit eine Zweigliedrigkeit der Ausbildung in Theorie und Praxis bereits angesprochen. Sinn der Praxisphase ist es, neben der Einarbeitung und dem Kennenlernen der administrativen Abläufe, die theoretischen Kenntnisse zu vertiefen und anzuwenden. Die Herstellung von Verbindungslinien zwischen praktischen Handlungsvollzügen und wissenschaftlichen Erkenntnissen, Theorien und das methodische Vorgehen werden in der wissenschaftlichen Begleitung (durch Praktikumsreflexion und Supervision) gefördert und einem Praktikumsbericht nachgewiesen. Im Ergebnis soll eingeschätzt werden, inwiefern eine Berufseignung attestiert werden kann. Die Ziele der akademischen Ausbildung und damit erste konkrete Anforderungen an eine Fachkraft sind folgendermaßen formuliert:

> *„Der Ausbildungsbereich zur staatlichen Anerkennung soll dazu befähigen, Aufgaben der sozialen Arbeit in der Praxis öffentlicher und freier Träger selbstständig und eigenverantwortlich unter Berücksichtigung der methodischen, rechtlichen, organisatorischen und finanziellen Rahmenbedingungen wahrzunehmen" (Deutscher Berufsverband für Soziale Arbeit e.V.).*

Im Zuge der Professionalisierung hat sich die Soziale Arbeit in Deutschland in Anlehnung an die internationalen Standards des IFSW (Internationaler Zusammenschluss der Profession Sozialer Arbeit) eigene Zweckbestimmungen, eine Definition der Sozialen Arbeit, sowie eine Berufsethik formuliert (Deutscher Berufsverband für Soziale Arbeit e.V.). In den Professionstheorien finden sich darin bereits angesprochene Aspekte und Überlegungen wieder. Der Gedanke, dass Angehörige einer Profession automatisch als Fachkräfte gelten, liegt nahe und wird somit weiterverfolgt. Mit Herzog (2011) lassen sich Professionen als besondere Berufe beschreiben,

> *„die in modernen Gesellschaften existenzielle Probleme kraft einer spezialisierten Ausbildung auf einer interaktionalen Basis, d.h. im direkten Kontakt*

mit den Betroffenen, in einem weitgehend autonomen Rahmen bearbeiten" (Herzog, 2011, S. 72).

Geissler (2013) stellt zudem eine Liste mit Professionsmerkmalen zusammen. Dazu zählen insbesondere

⇒ die akademische, theoretisch fundierte Ausbildung mit Praxisanteilen,
⇒ das wissenschaftlich fundierte Sonderwissen und eine eigene Fachterminologie,
⇒ der hohe sozialer Status,
⇒ die Autonomie bei der Ausübung des Berufes,
⇒ die Berechtigung zur Berufsausübung, demnach also eine Lizenz für den ausgeübten Tätigkeitsbereich
⇒ eigene Normen, wie einen Ethikkodex und
⇒ die kollegial-korporative Selbstkontrolle.
⇒ Eine Profession geht demzufolge weit über ein rein berufliches Expertentum hinaus (B. Müller, 2012).

Rudolf Stichweh (1996) bezieht systemtheoretisch das Merkmal der reflexiven Praxis ein, welches sich auch in der Argumentation von Dewe (1992) nachvollziehen lässt. Damit wird eine wechselseitige Weiterentwicklung von wissenschaftlichen Argumentationen und praktischen Handlungsvollzügen angesprochen.

Hermann Müller (2016) stellt Professionalisierung in wesentlichen Merkmalen abstrakter dar. Eine Profession hat eine Lizenz und ein Mandat. Beides könne in Bezug auf die Soziale Arbeit in Frage gestellt werden, schon aufgrund der vielseitig ausgebildeten Akteur*innen in den verschiedenen Tätigkeitsbereichen (H. Müller, 2016, S. 7). Nicht jedes Praxisfeld hat so streng gefasste Fachkräftegebote, wie beispielsweise die Hilfen zur Erziehung. Für diese Studie ergibt sich daraus die Frage, inwiefern von einem Fachkräftemangel in der Sozialen Arbeit gesprochen werden kann, wenn in vielen Praxisfeldern ohnehin Laien und Quereinsteiger*innen tätig sind – oder ist hier bereits von dem, im Titel angesprochenen Pragmatismus auszugehen? Zu diesen Aspekten wurden die Praxispartner*innen der einbezogenen Fachbereiche Sozialer Arbeit an den (Fach-) Hochschulen Erfurt und Jena befragt.

Prozesse der Professionalisierung beschreiben zuvorderst die berufliche Entwicklung zu einer/-m Professionellen. Sofern (wie in Sozialer Arbeit üblich) persönliche Eignungskriterien als entscheidende Komponente einzubeziehen sind, ist in den beruflichen Bildungsprozess ein Noviziat einbezogen. Dabei wird ein (ganzheitlicher) Bildungsprozess beschrieben, innerhalb dessen Noviz*innen ihre berufliche Rolle unter Anleitung von Professionsangehörenden habitualisieren (Garz et al., 2015, 133ff; Lampert, 2009, 242ff; Oevermann, 1996; Terhart, 2011, S. 203). Diese spezifisch (professionelle) Rolle und das Set der damit verbundenen Kompetenzen bezeichnet Oevermann als *professionellen Habitus*[7]. Dieser bezieht sich in erster Linie auf das Vermögen der Akteur*innen, aufgrund von Praxiserfahrungen, Kompetenzen vor dem Hintergrund akademischer Bildung in jeder Situation zeitnah und angemessen zu reagieren. Denn gerade in der Sozialen Arbeit, wie auch in anderen pädagogischen Feldern, in denen zwischenmenschliche Aspekte von hoher Relevanz sind, können Situationen nicht vorhergesagt oder gar vorab simuliert werden. Fachkräfte stehen daher in dem Dilemma, auch in stark problembehafteten Situationen ad hoc adäquat reagieren zu müssen. In einer weiteren Lesart wird Professionalisierung als ein Prozess verstanden, in dem eine Berufsgruppe zu einer Profession wird (Dietrich, 2014, S. 34). In der vorliegenden Studie werden beide Lesarten von Bedeutung sein. Der Status der Sozialen Arbeit als Profession beinhaltet daran anschließend das Selbstverständnis der angehenden und bereits in dem Feld aktiven Akteur*innen. Damit ist die Außenwahrnehmung der Berufsgruppe in der Gesellschaft und die damit verbundene Anerkennung von Bedeutung. Mit Becker-Lenz (2012, 9ff) werden die Schritte der Aneignung des professionellen Habitus bereits während des Studiums vollzogen. Die akademische Ausbildung beschränkt sich nicht lediglich auf die Vermittlung von Wissen und Kompetenzen. Sie soll darüber hinaus die Herausbildung des professionellen Habitus fördern und identitätsstiftend wirken (Becker-Lenz & Müller, 2009, 13ff). Die im Sozialberufeanerkennungsgesetz erwartete persönliche Eignung einer Person als Fachkraft, ist dahingehend für die Verschränkung

[7] Für einen genaueren Überblick über die Theorien von Oevermann und auch Bourdieu soll hier auf die Zusammenfassung des Themas in der Masterarbeit von Sophia Fabian verwiesen werden. Vgl. auch Oevermann (1996)

von Lehre und Praxis und damit insbesondere in der wissenschaftlichen Begleitung der Praxiszeiten Studierender relevant.

Forschungsdesign

In diesem Kapitel werden das Forschungsdesign und der Aufbau der Studie begründet. Die Fragebögen, welche für die Online-Befragung verwendet wurden, werden im Einzelnen vorgestellt.

Methodendesign und Stichprobenauswahl

Aus den vorherigen Überlegungen ergeben sich zwei Themenschwerpunkte. Zum einen handelt es sich um den angesprochenen Fachkräftemangel und wie diesem begegnet werden kann und zum anderen geht es um die Situation von Studierenden im Praxissemester, insbesondere mit dem Fokus auf zusätzliche Belastungsfaktoren. Um Erwartungen der Praxis im Hinblick auf die Wahrnehmung und mögliche Auswirkungen des Fachkräftemangels, sowie die (Praxis-)Situation von Studierenden aufeinander beziehen zu können, entschied sich das Forschungsteam für unabhängige Erhebungen bei Praxispartner*innen einerseits und Studierenden in und nach Praktika andererseits. Wie bereits erwähnt, wurden Daten von Studierenden und Praxisparter*innen im Studiengang Soziale Arbeit an der Ernst-Abbe-Hochschule Jena (EAH Jena) und der Fachhochschule Erfurt erhoben. Die Auswahl der Zielgruppen begründet sich aus dem explorativen Ansatz der Studie. Zunächst sollten Daten gewonnen werden, die grundsätzlich einen Einblick in die Situation Studierender der Sozialen Arbeit beider Hochschulen in Thüringen eröffnen. Eine sehr gute Möglichkeit, die Datenerhebung breiter anzulegen, bot die angesprochene Kooperation mit der Fakultät Angewandte Sozialwissenschaften der FH Erfurt. Darin lag die Chance, einen breiteren Pool an Expert*innen für die Themen anzusprechen und Effekte, die beispielsweise mit einer Erhebung ausschließlich im Kontext und Umfeld der EAH verbunden sein könnten, reflektieren und minimieren zu können.

Von Interesse waren zunächst ausschließlich Erfahrungen aus dem Praxissemester. Zuvor geleistete Praktika (z.B. das Orientierungspraktikum) wurden nicht explizit einbezogen, weil in Kurzzeitpraktika eher das Ausprobieren und weniger das systematische Erschließen eines Handlungsfeldes im Vordergrund steht. Somit wurden in die Stichprobe insgesamt 353 Studierende; 217 Student*innen der EAH Jena und 136 Student*innen der FH Erfurt einbezogen.

Die zweite Zielgruppe stellten Praxiseinrichtungen dar. Unter der Bezeichnung Praxispartner*innen bzw. Praxiseinrichtungen werden Träger und Einrichtungen in Arbeitsfeldern der Sozialen Arbeit verstanden, die aktuell oder in der Vergangenheit in Kooperation mit dem Fachbereich Sozialwesen der EAH Jena oder der Fakultät Angewandte Sozialwissenschaften der FH Erfurt stehen und Studierende im Rahmen des Praxissemesters beschäftigt haben[8]. Diese Einrichtungen sind in den Praxisämtern gelistet. Die Stichprobe setzt sich aus 790 Ansprechpartner*innen in anerkannten Praxiseinrichtungen beider Hochschulen zusammen. Um einen Gesamtüberblick zu erhalten, richtete sich die Befragung insbesondere an Team- und Einrichtungsleiter*innen. Hieraus entstanden zwei unabhängige Online-Befragungen, die über die Plattform SoSci-Survey[9] durchgeführt wurden. Vor allem für die Zielgruppe der Praxispartner*innen, deren Standorte im gesamten Bundesland aber auch deutschlandweit oder im Ausland verteilt sind, war dieser Zugang zur Zielgruppe das Mittel der Wahl, um möglichst viele Teilnehmer*innen erreichen zu können. Mit der Entscheidung für eine Onlinebefragung bestand zudem die Möglichkeit der freien Zeiteinteilung für die Beantwortung der Frage. Das Ausfüllen des Fragebogens nahm max. 15 min in Anspruch. Über das Online-Format konnte auch die Zielgruppe der Studierenden am besten erreicht werden, die während der Praktika nicht oder nur punktuell an der Hochschule ist. Der genaue Ablauf der Befragung wird in Kapitel 4 ausführlich dargestellt. Die Studierenden, die der Zielgruppen angehörten, wurden über die Praxisämter an der jeweiligen Hochschule per E-Mail mit der Bitte zur Teilnahme an der Befragung kontaktiert. Um eine einheitliche Befragungssituation zu generieren, wurden keine zusätzlichen Befragungen mittels Papierfragebögen

[8] Im Rahmen eines Anerkennungsverfahrens werden die Praxisstellen hinsichtlich festgelegter Kriterien zertifiziert. Sind diese erfüllt, werden die Einrichtungen explizit als Praxisstellen für das Praxissemester anerkannt (vgl. EAH Jena 2016: 12).

[9] SoSciSurvey ist eine Plattform zur Durchführung von Onlinebefragungen (www.soscisurvey.de).

durchgeführt. Es erfolgte eine Erinnerung zur Teilnahme an der Befragung nach zwei Wochen, ebenfalls per E-Mail. Grundsätzlich war es das Ziel, Erkenntnisse und Ergebnisse in Bezug auf die gestellte Forschungsfrage zu sammeln. Mit der explorativen Studie wurden erstmals Daten über die Situation von Studierenden Sozialer Arbeit in Praktika generiert, die mit Antworten aus der Praxis verglichen werden konnten. So war es auch möglich, Hinweise zur Verbesserung der Studien-, Praktikums- und Praxisbedingungen abzuleiten. Vor allem zu spezifischen Belastungsfaktoren während der Praxisphase, gibt es bislang keine ausreichende Datengrundlage. Neben quantitativen Daten wurden in offenen Fragen auch qualitative Daten erhoben. Qualitative Daten ermöglichen zusätzliche Angaben zu wahrgenommen Dimensionen und Interpretationen von Belastungen durch die Befragten. In der Konsequenz resultierte daraus ein Design im Mixed-Methods-Ansatz, welches nach Kuckartz, eine Kombination und Integration von quantitativen und qualitativen Methoden innerhalb eines Forschungsprojektes einbezieht (Kuckartz, 2014, 24ff). Sowohl der Fragebogen für die Befragung der Studierenden als auch der für die Praxispartner*innen besteht zum Großteil aus geschlossenen Fragen, für die eine Auswahl vorgegebener Antwortmöglichkeiten bereitgestellt wurde. Bei einigen Fragen war eine Mehrfachauswahl möglich. Zusätzlich wurde zu den vorgegebenen Antwortmöglichkeiten ein freies Feld „weiteres“ eingefügt, in welches über das Set an Möglichkeiten hinaus Themen und Antworten eingefügt werden konnten. Neben einem hypothesenprüfenden Verfahren (deduktiv) wurde so auch ein hypothesengenerierendes induktiv analytisches Verfahren möglich (Kuckartz, 2014; Rädiker & Kuckartz, 2019). Mixed-Methods-Ansätze greifen im Sinne eines dritten (Forschungs-)Paradigmas das wissenschaftliche Anliegen eines umfassenden Blicks (erkenntnistheoretisch eine disziplinübergreifende - *World View*) auf. Damit ist der reflexiv analytische Blick auf Forschungsgegenstände, auf die Beziehungen der Forschenden im Ablauf der Forschungen, die stets auch als soziale Prozesse beschrieben werden können und auf unterschiedliche Standpunkte innerhalb sozialer Verhältnisse gemeint. Damit wird angesprochen, dass es zeit- und kontextabhängig gute Gründe für Forschungsfragen und Forschungsdesigns gibt (im vorliegenden Fall die artikulierten Belastungsfaktoren Studierender in Praktika, die auch eines Blicks auf die Bedingungen in der Praxis Sozialer Arbeit bedürfen). Die folgende Matrix ermöglicht einen vereinfachten Einblick in dieses (Forschungs-)Anliegen, obgleich sicher jeder/m Forscher*in klar sein dürfte, dass es eine rein induktive oder deduktive Forschung nicht geben kann.

	Qualitativer Ansatz	**Quantitativer Ansatz**	**Mixed-Methods-Ansatz**
Verbindung zwischen Daten und Theorie	**Induktion**	**Deduktion**	**Abduktion**
Beziehung zum Forschungsprozess	**Subjektivität**	**Objektivität**	**Intersubjektivität**
Inferenzschlüsse	**kontextspezifisch**	**Generalisierung**	**Übertragbarkeit**

Abbildung 2: erkenntnistheoretische Paradigmen in unterschiedlichen Forschungsansätzen (Kuckartz, 2014, S. 33)

Neben den offenen Fragestellungen wurden in beide Fragebögen Filterfragen aufgenommen. Dadurch war es möglich, bei spezifischen Antworten die Befragten um nähere Erläuterungen zu bitten und Personen, die gewisse Themen nicht für relevant empfanden bzw. keine Erfahrung damit hatten, im Fragebogen direkt zum nächsten Themengebiet weiterzuleiten. Die Auswertung der quantitativen Daten erfolgte computergestützt mit der Statistiksoftware SPSS[10] und die Kategorisierung und Auswertung der qualitativen Daten mit Hilfe von MAXQDA[11]. Für die Aufbereitung und Auswertung der Daten, hat sich das Forschungsteam in zwei Arbeitsgruppen aufgeteilt, welche entweder die Analyse der qualitativen oder quantitativen Daten aus den beiden Fragebögen schwerpunktmäßig vornahmen. In regelmäßigen Forschungsteamtreffen wurden Ergebnisse vorgestellt, sowie Zusammenhänge oder Gegenpositionen diskutiert. In diese regelmäßigen Meetings war die Leitung der

[10] IBM SPSS-Software ist eine Softwareplattform für erweiterte statistische Analysen

[11] MAXQDA ist ein Programm, mit dem qualitative Daten analysiert werden können. Das Programm gehört zu den CAQDAS („Computer assisted qualitative data analysis software“) bzw. abgekürzt, QDAS („Qualitative data analysis software“) Rädiker und Kuckartz (2019)

Studie in den kontinuierlichen und intensiven Austausch in moderierender Funktion, für Hinweise, Fokuserweiterungen oder -vertiefungen kontinuierlich einbezogen.

Die Zusammenführung der Ergebnisse aus beiden Befragungen erfolgt im letzten Teil des Forschungsberichtes. Im folgenden Kapitel wird zunächst der Fragebogen für Studierende vorgestellt.

Vorstellung des Fragebogens für Studierende

Nach den für wissenschaftliche Datenerhebungen erforderlichen Erklärungen in Bezug auf die Freiwilligkeit der Teilnahme und die Datenschutzbestimmungen folgten zunächst Fragen zur eigenen Praktikumsstelle, d.h. in welchem Handlungsfeld der Sozialen Arbeit diese zu verorten ist und wo sich diese befindet. Eine territoriale Angabe (z. Bsp. Lage der Praxiseinrichtung in einer Stadt, im ländlichen Raum) wurde insofern als wichtig erachtet, weil sich daraus Anhaltspunkte für spezifische Themen in lokalen Kontexten ableiten ließen. Anschließend wurde der Fokus auf Fragen zur Kontaktaufnahme und den eigenen präferierten Kriterien für die Auswahl der Praxisstelle gelegt. Die Studierenden konnten hierbei auch bereits auf mögliche spätere Joberwartungen eingehen und damit Informationen zur Fachkräfterekrutierung liefern. Im Fragebogen wurden nähere Beschreibungen der inhaltlichen Arbeit erfragt. Zudem wurden Einschätzungen zu den Rahmenbedingungen in den jeweiligen Praxisstellen erbeten. Dazu zählten Fragen, die beispielsweise Angaben

- ⇒ zur wahrgenommenen Übereinstimmung vertraglicher Vereinbarungen mit der inhaltlichen Arbeit oder
- ⇒ zu wahrgenommenen Belastungen, durch Care-Aufgaben, Nebenjobs, ehrenamtliches Engagement oder das Studium

erbaten.

Sofern Belastungsfaktoren angegeben waren, wurden die befragten Studierenden in daran anschließenden Filterfragen um genauere Angaben darüber gebeten, was aus ihrer Sicht zu Entlastungen beitragen kann. Darüber hinaus gab es die Möglichkeit für weitere freie Angaben hinsichtlich des Praxissemesters. So konnten spezifische Rahmenbedingungen der Praktikumseinrichtungen (z. Bsp. freie Zeiteinteilung,

Rücksichtnahme auf Ferienzeiten oder familiäre Verpflichtungen) hervorgehoben werden. Daraus konnten Rückschlüsse darauf gezogen werden,

⇒ welche Vorstellungen Studierende von der Praxis Sozialer Arbeit und den Praktikumseinrichtungen haben,

⇒ welche relevanten Kriterien für die Wahl einer Praktikumsstelle von Praktikant*innen herangezogen werden oder auch

⇒ welche Kriterien für eine spätere Berufswahl relevant sein könnten.

Im Praktikum manifestiert sich erstmals ein Eindruck über Bedingungen in der späteren beruflichen Praxis. So lassen die Angaben der Studierenden im Praktikum einerseits auch Schlüsse über „Fehleinschätzungen“ oder „Illusionen“ zu, die in der Praxis kaum oder nur sehr eingeschränkt verwirklicht werden können (z. Bsp. der Ausschluss von Schichtarbeit). Andererseits bieten die Angaben zu den Praxiseinrichtungen wertvolle Informationen darüber, welche (realisierbaren) Bedingungen zu einer verbesserten Rekrutierung von Praktikant*innen und auch Fachpersonal beitragen können. Damit Daten nicht isoliert betrachtet werden, wurden die befragten Studierenden um Angaben zu ihren finanziellen Rahmenbedingungen gebeten. Angaben zur finanziellen Ausstattung ermöglichen es, Stressoren (z. Bsp. den Druck zur Ausübung einer Nebentätigkeit und die damit einhergehenden zeitlichen Belastungsfaktoren neben einem Vollzeitpraktikum) ins Verhältnis setzen zu können. Wer beispielsweise kein BAföG erhält, ein unbezahltes Praktikum absolviert, unterliegt anderen finanziellen und zeitlichen Zwängen zur Sicherung des Lebensunterhaltes, wie eine Person mit gesicherter finanzieller Ausstattung. Die Studierenden wurden nach der Höhe ihrer monatlichen Einnahmen und Ausgaben und der Finanzierung dieser gefragt. Für die Angaben wurden Bandbreiten vorgeschlagen, um die Motivation zu Angaben bezüglich der finanziellen Bedingungen zu erhöhen.

Den Abschluss des Studierendenfragebogens bildete die Erhebung demografischer Daten, beispielsweise zum Zeitraum der Absolvierung des Praktikumssemesters oder zur Hochschule (Erfurt oder Jena), an der befragte Studierende immatrikuliert sind.

Vorstellung des Fragebogens für Praxispartner*innen

Mit der Befragung der Praxispartner*innen sollten zunächst Heuristiken zum Begriff der sozialpädagogischen Fachkraft generiert werden. Mit dieser Frage verfolgte das Forschungsteam das Ziel, Rückmeldungen zur Durchdringung der Praxis mit Professionalitätsmerkmalen und deren Relevanz aus der Perspektive der Praxis zu erhalten. Darüber hinaus sollte festgestellt werden, inwiefern sich aus Blickwinkeln der Praxis überhaupt ein einheitlicher Professionalitätsbegriff manifestiert hat. So konnten Ausbildungsabschlüsse, persönliche Voraussetzungen in geschlossenen Items und die Relevanz dieser Kriterien im Fragebogen angegeben werden. Zusätzlich war es möglich, in eigenen Worten eine kurze Definition zum Begriff der Fachkraft abzugeben. Weitere Fragen zum Thema der Qualifikation und Definition von Fachkräften schlossen sich an die erste offene Frage an. Um die Dimensionen der artikulierten Äußerungen zum Begriff der Fachkraft besser einordnen zu können, wurden Fragen zur eigenen Einschätzung des Fachkräftemangels im Unternehmen und möglichen Maßnahmen, um diesem entgegen zu wirken, gestellt. Aus Sicht des Forschungsteams kann ein wahrgenommener Fachkräftemangel möglicherweise dazu führen, dass die Kriterien für den Einbezug von Personen und Berufsgruppen als Fachkräfte etwas weiter gefasst werden. In der Konsequenz resultiert daraus eher eine Anforderung an die akademische Bildung, die zahlenmäßig stärker als bisher Fachkräfte ausbildet, als bei einer allgemein diffusen Begriffsbildung in der Praxis.

Das Grundthema der Rekrutierung von Fachkräften wurde im zweiten Teil des Fragebogens vertiefend aufgegriffen. Wo und unter Zuhilfenahme welcher Medien suchen Sozialunternehmen und Einrichtungen neue Mitarbeiter*innen und was tun Organisationen, um diese zu binden.

Im dritten Abschnitt des Fragebogens ging es um die die Bedeutung von Praktika (z. Bsp. als Möglichkeit der Akquise von Fachkräften, zur Kompensation von Personalengpässen etc.), die Durchführung, und mögliche Investitionen in Praktika (z. Bsp. Freistellungen und Qualifizierungen von Anleitungspersonen). Die monetären Möglichkeiten Praktikant*innen zu bezahlen und wie dies finanziert werden kann, werden ebenso thematisiert, wie auch die Vor- und Nachteile der Beschäftigung von

Praktikant*innen (z. Bsp. spezifische Belastungen des Fachpersonals mit Anleitungsaufgaben oder ein niedrig eingeschätzter Benefit für die Einrichtung).

Abschließend wurden die demografischen Daten der befragten Einrichtungen erhoben, wie nähere Informationen zur Größe und Art der Einrichtungen, sowie der Anteil von Akademiker*innen. Auch wurde nach städtischen und eher ländlichen Regionen unterschieden, sodass mögliche Unterschiede im Hinblick auf die Rahmenbedingungen sichtbar gemacht werden konnten.

Konzeption und Auswertung im Mixed-Methods-Design

Im Kapitel Forschungsdesign wurde bereits die Konzeption der Studie im *Mixed-Methods-Ansatz*, einer Kombination aus qualitativen und quantitativen Elementen angesprochen. Zur Sicherung der Transparenz wird folgend das analytische Vorgehen dargestellt.

In der Studie wird die Analyse spezifisch auf Kuckartz (2014, S. 27) bezogen, der verschiedene Zugänge zu Mixed-Methods in einer Arbeitsdefinition wie folgt zusammenfasst:

> *„Unter Mixed-Methods wird die Kombination und Integration von qualitativen und quantitativen Methoden im Rahmen des gleichen Forschungsprojekts verstanden. Es handelt sich also um eine Forschung, in der die Forschenden im Rahmen von ein- oder mehrphasig angelegten Designs sowohl qualitative als auch quantitative Daten sammeln. Die Integration beider Methodenstränge, d.h. von Daten, Ergebnissen und Schlussfolgerungen erfolgt je nach Design in der Schlussphase des Forschungsprojekts oder bereits in früheren Phasen."*

Nach der Beendigung der Studie wurden die Datensätze aus beiden Befragungen aus SoSci Survey über die entsprechende Syntax in SPSS überführt, bereinigt und auf Fehler überprüft. Fragen mit Mehrfachantworten wurden aufbereitet. Die in geschlossenen Items numerisch generierten Daten wurden mit der Statistiksoftware SPSS ausgewertet. Die Auswertung der qualitativen Daten in offenen Fragestellungen erfolgte mit MAXQDA. Dafür wurden die qualitativen Antworten extrahiert und aus den einzelnen Fragebögen in jeweils eigenen Abschnitten abgebildet. Die qualitativen Antworten konnten so jeweils einzelnen Fragebogenrückläufen zugeordnet und von qualitativen Antworten aus weiteren Rückläufen analytisch unterschieden werden. Die thematische Analyse erfolgte in Haupt- und Subkategorien. Dafür wurden Antworten inhaltlich eingeordnet. Einzelaussagen wurden als Ankerbeispiele herangezogen. Dieses Vorgehen erfolgte jeweils gesondert für die Fragebögen der Praxispartner*innen und der Studierenden. In Anlehnung an die Grounded Theory wurde in der qualitativen Analyse ein induktiv-deduktiv-abduktives Vorgehen gewählt und auch In-Vivo-Codes als originale Antworten der Befragten kategorial aufgenommen (Charmaz, 2014, 134ff; Rädiker & Kuckartz, 2019, S. 68). Eine Kategorie enthält mindestens zwei thematisch zugeordnete Antworten(Codes), die systematisch miteinander verglichen und gegeneinander abgegrenzt wurden (Glaser et al., 2005, 45ff). In mehreren Analysedurchgängen wurden Schlüsselkategorien im Material identifiziert, im Forschungsteam und mit der Forschungsleitung diskutiert, um Interpretationsfehler oder Unschärfen zu minimieren. Hieraus entstand für die Fragen 8, 12 und 13 des Studierenden-Fragebogens und für die Fragen 0 [12], 15, 16 aus der Befragung der Praxiseinrichtungen jeweils ein Code-System, bestehend aus Haupt- und ggf. Subkategorien.

Die qualitative und die quantitative Analyse liefen parallel ab. Die Listen mit den generierten Codes, sowie die Visualisierungen befinden sich im Anhang des Berichtes.

Zeitliche Durchführung der Studie

Im April 2019 startete das Forschungsteam mit der Arbeit an den grundsätzlichen Fragestellungen. Dem folgte die Sichtung der Datenlage, das Erheben des Forschungsstandes, sowie das Aufstellen erster Hypothesen, die anschließend in geschlossene und offene Items in den beiden Fragebögen überführt wurden. Bis Juli 2019 wurde das Design erstellt, die Fragebögen in die Onlinebefragungsplattform überführt, entsprechende Filter programmiert. Pretests erfolgten in den Monaten

[12] Als Einstiegsfrage wurde die Frage nach der Definition einer sozialpädagogischen Fachkraft vom Programm SoSci Survey nicht nummeriert und wird hier mit „0“ bezeichnet.

Juli und August. Zu Beginn des Jahres 2020 wurden die Daten analysiert. Die folgende Abbildung veranschaulicht den Ablauf grafisch.

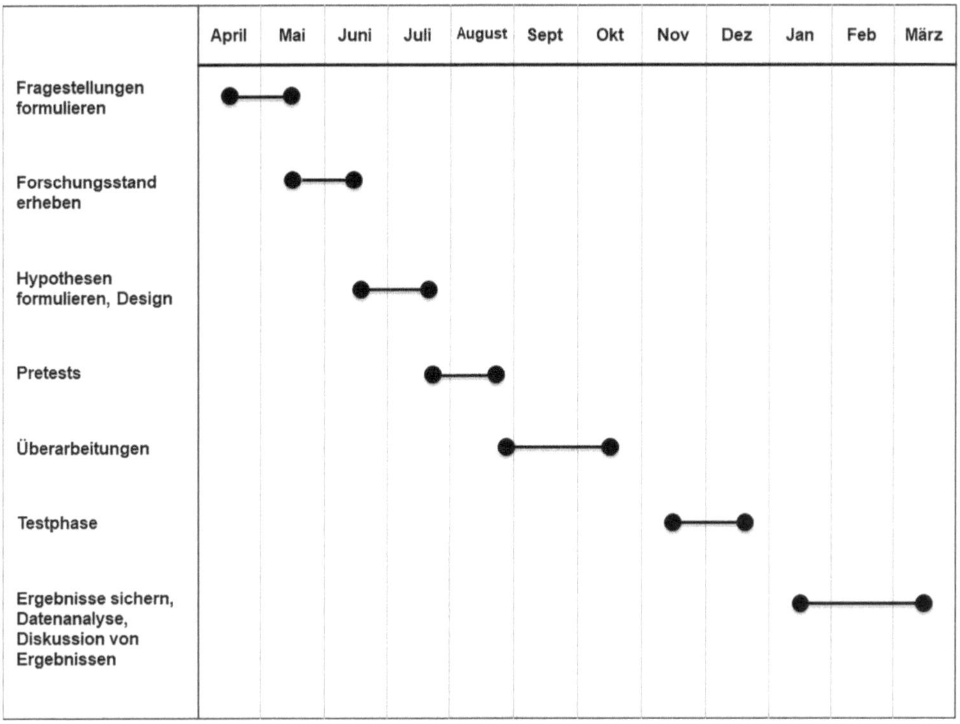

Abbildung 3: Grafik der zentralen Forschungsphasen

Ein erster Zwischenbericht wurde im Mai 2020 präsentiert und die Ergebnisse bis Oktober im Forschungsbericht zusammengefasst. Im Team arbeiteten folgende Untergruppen:

⇒ Schwerpunkt qualitative Analysen: Angelina Bauer, Sandra Mieske,

⇒ Schwerpunkt quantitative Analysen: Jérôme Rusch, Benjamin Walther

⇒ die wissenschaftliche Assistenz Sophia Fabian (Schwerpunkte qualitative Analysen und Koordination).

Die wissenschaftliche Leitung lag bei Andreas Lampert, der auch die Herausgabe und die Endfassung dieses Textes verantwortet.

Auswertung und Ergebnisse der Studie

Im folgenden Kapitel wird der Auswertungsprozess der Daten beschrieben und die daraus gewonnenen Ergebnisse vorgestellt. Die Ergebnisse der beiden durchgeführten Befragungen werden zunächst einzeln dargestellt. Anschließend werden die Ergebnisse zusammengeführt, interpretiert und Handlungsempfehlungen formuliert. Ursprünglich waren eine öffentliche Präsentation und Diskussion der Ergebnisse vorgesehen. Diese fand aufgrund der Sars-CoV-2-Pandemie in verkürzter digitaler Form statt, weil eine Öffentlichkeit in Präsenz nicht möglich war[13]. Mit dieser Publikation sollen nun Interessent*innen erreicht und Diskussionen angestoßen werden. Im Forschungsteam endete die Diskussion zumindest bis Oktober 2020 nicht. Ein Vorteil des länger andauernden Diskussionsprozesses besteht darin, dass Erkenntnisse daraus bereits in die Publikation einfließen.

Analyse der Daten

Im folgenden Kapitel wird zunächst die Analyse der Daten aus der Befragung Studierender dargestellt und diskutiert.

Auswertung des Studierendenfragebogens

Der Fragebogen wurde insgesamt an 353 Studierende des Fachbereichs Sozialwesen der Ernst-Abbe-Hochschule Jena und der Fakultät Angewandte Sozialwissenschaften der FH Erfurt versandt. Das Forschungsteam erreichten im Befragungszeitraum November 2019 91 vollständig ausgefüllte Fragebögen. Dies entsprach einer Rücklaufquote von 25,8%. In die Auswertung wurden auch Antworten aus nur teilweise ausgefüllten Fragebögen einbezogen. In der Auswertung wurden Abweichungen von der Grundgesamtheit von 91 Studierenden jeweils kenntlich gemacht.

---

[13] In Folge des weltweiten Ausbruchs der Atemwegserkrankung Covid-19 und damit zusammenhängend die Erklärung der WHO zu einer weltweiten Pandemie im März 2020, führte zu flächendeckenden Maßnahmen und auch bis weit über die zweite Jahreshälfte hinaus zu erheblichen Einschränkungen des gesellschaftlichen Lebens, insbesondere auch des wissenschaftlichen Betriebes an den Hochschulen.

Das Verhältnis der Beteiligung von Studierenden der Ernst-Abbe-Hochschule Jena und der Fachhochschule Jena war nahezu identisch. Das aus den Antworten ermittelte Durchschnittsalter der Studierenden betrug 25,4 Jahre, 71% waren zwischen 19 und 28 Jahre alt und 83 % gaben „weiblich" an. Die Verteilung spiegelt das in Statistiken dargestellte Geschlechterverhältnis in der Sozialen Arbeit wider (Bundesagentur für Arbeit, 2018, 98ff). In der Regel absolvierten Studierende an Hochschulen in Thüringen auch das Praxissemester in diesem Bundesland (85,7%).

Fast 10 % der Teilnehmenden wählten eine Praktikumsstelle in angrenzenden Bundesländern, wie Sachsen, Sachsen-Anhalt, Niedersachsen oder Bayern. Noch weniger Studierende (4,4%) zog es dafür in nicht angrenzende (Bundes-)Länder. Praktikumsstellen in städtischen Regionen wurden mit 92,3% am häufigsten gewählt. Als städtische Regionen galten in der Befragung Städte oder Gegenden in unmittelbarer Nähe mit direkter Verkehrsanbindung zu einer Stadt. Nur 7,7% der Studierenden wählten ländliche Räume. Dies wirft eine erste Perspektive darauf, inwiefern bestimmte Gebiete von einem Fachkräftemangel künftig betroffen oder infrastrukturell ausgestattet sind. Mangelnde Verkehrsanbindungen, die Angewiesenheit auf öffentlichen Nahverkehr seitens der befragten Studierenden oder auch das Fehlen einer sozialen Infrastruktur (soziale Angebote vor Ort) können dafür als Gründe gelten (Ehrlich, Martin, Hänel, Anja, 2012). In 27,6% der Antworten gaben Befragte an, über das Internet von ihrer Praktikumsstelle erfahren zu haben. Auf bereits bestehende Kontakte und Aushänge der Praxisämter griffen jeweils 19,5% zurück. Eine Praktikumswahl im Kontext einer vorher bereits bestehenden Erwerbstätigkeit fand sich in 13,8% der Antworten. Lediglich 11,5% wählten ihre Praktikumsstelle über die Teilnahme an Praxistagen der Hochschulen. Fast 8% gaben andere Wege als Zugang zum Praktikum an.

Ausschlaggebend für die Wahl einer spezifischen Praktikumsstelle war für 86,2% das Interesse am Arbeitsfeld, für 43,7% war es die Studien- oder Wohnortnähe und der damit verbundene kurze Weg zur Arbeit. Auch dies spiegelt die problematische Situation ländlicher Räume wider. In den Städten ist die Dichte und Auswahl an Praktikumsmöglichkeiten schlicht größer. Nicht unbeträchtlich wird die Aussicht auf eine künftige berufliche Tätigkeit in 34,5% der Antworten eingeschätzt. Über das Praktikum kann bereits das berufliche Feld sondiert, die eigenen Kompetenzen erprobt und die Passgenauigkeit der Bedingungen der Praxis zur Lebenssituation eingeschätzt werden. In lediglich 3,4% der Antworten spielte die finanzielle Entlohnung des Praktikums eine Rolle. Dies mag etwas damit zu tun haben, dass Praktika in Sozialer Arbeit in Thüringen in den Studienverlauf integriert sind. Diese sind daher über BAföG, Studienkredite oder andere Finanzierungsmöglichkeiten förderfähig. Eine Bezahlung durch Praktikumseinrichtungen ist in der Regel nicht vorgesehen, obgleich dies als Rekrutierungsmittel künftiger Fachkräfte über Praktika die Attraktivität des Trägers deutlich heben und darüber ein weitaus größerer Teil der Studierenden angesprochen werden könnte. Im Hinblick auf die Arbeitsbelastung zeichnet sich ein erwartbares Bild ab. Je mehr anderweitigen Verpflichtungen nachgegangen werden muss (z. Bsp. Care-Aufgaben, Finanzierung des Studiums durch Nebenjobs etc.), desto höher wird die Belastung während des Praktikums eingeschätzt. Lassen sich Nebentätigkeiten mit den Verpflichtungen an der Hochschule oft noch relativ gut kombinieren, schwindet diese Möglichkeit während eines Vollzeitpraktikums. In 24,1% (von 87 Antworten) wurde die Belastung als unangemessen hoch dargestellt. Es gab jedoch in 6,9% der Antworten auch den Gegenpol einer als zu niedrig eingestuften Belastung. Beide Antwortvarianten bilden einen Reflex zur Notwendigkeit einer dichten Begleitung von Praktika durch die Hochschulen dahingehend, dass

- ⇒ Studierende die Dimensionen der Praxiserfordernisse nicht angemessen einschätzen (z. Bsp. die eigene Rolle zu wenig reflektieren, theoretische und methodische Kenntnisse nur ansatzweise einsetzen),
- ⇒ wechselseitige Erwartungen zwischen Studierenden und Praktikumsstelle unausgesprochen bleiben oder
- ⇒ organisatorische, beziehungsweise Anleitungsprobleme einer adäquaten Beteiligung Studierender nicht gerecht werden.

Dies spricht für eine dichtere Verbindung zwischen Hochschule und Praxis, in der beispielsweise über praktikumsbegleitende Reflexions- und Supervisionsveranstaltungen für Studierende, Anleitungsfortbildungen für Praktiker*innen und systematische Trägerkontakte die angesprochenen Dimensionen ins Bewusstsein gebracht, miteinander diskutiert und Frustrationen vorgebeugt werden. Im Hinblick darauf wurde bei Studierenden auch der Arbeitsumfang im Praktikum selbst erfragt. Im weitaus überwiegenden Teil (71,3%) spiegelt dieser, die im Praktikumsvertrag fixierte Verbindlichkeit ab. In 20,7% der Antworten wurde ein höherer, als der vertraglich festgehaltene Arbeitsumfang angegeben. Bei 8% war es weniger als der vereinbarte Arbeitsumfang. Welche spezifischen Belastungsfaktoren werden von Studierenden in Praktika angegeben?

Belastungsfaktoren während des Praxissemesters

Insgesamt wurde das obligatorische Praktikum im Rahmen des Bachelorstudiums an der Ernst-Abbe-Hochschule Jena und der Fachhochschule Erfurt positiv bewertet (75,9 Prozent). Dennoch bringt das berufspraktische Semester Belastungsfaktoren mit sich. Um sich einen Eindruck zu verschaffen wie stark das Privatleben (Familie, weitere Verantwortlichkeiten und etwaige Nebenjobs) beeinträchtigt wurde, sollte von den Befragungsteilnehmer*innen eine Einschätzung hierzu abgegeben werden. Wurde die Frage mit „ziemlich beeinträchtigt" oder „stark beeinträchtigt" beantwortet, wurde im Fragebogen eine Begründung dafür erbeten. In 7% der Antworten wurde angegeben, dass die eigene Lebenssituation durch das Praktikum „gar nicht beeinträchtigt" ist. Dem stehen in 59,3% der Antworten ziemliche oder starke Beeinträchtigungen gegenüber. Diese Zahlen weisen darauf hin, dass eine erhebliche Zahl Studierender die Zeit des Praktikums neben privaten Verpflichtungen als Belastung wahrnehmen. Etwa 51% hatten zusätzlich zum Praktikum wöchentliche Verpflichtungen zwischen 11 und in geringem Umfang (2,4%) mehr als 40 Stunden. In 8,5% der Antworten lag die zusätzlich zum Praktikum zu leistenden Verpflichtungen zwischen 21-30 Stunden in der Woche. Konkret handelt es sich dabei (26%) um zu erbringende Studien- und Prüfungsleistungen, Termine bei Ärzten und Behörden (24,5%) und den, zur Absicherung des Lebensunterhaltes erforderlichen Nebenjob (20%). Darüber hinaus wurden von 9,5% ehrenamtliche Tätigkeiten, Mitgliedschaften in Vereinen (7,5%) oder Verpflichtungen den eigenen Kindern gegenüber (6,5%), beziehungsweise von 3% zu pflegende Angehörende genannt.

Folgende Hauptkategorien wurden analytisch in den gegebenen Antworten (aus offenen Items) als konkrete Belastungsfaktoren identifiziert:

⇒ Work-Life-Balance,

⇒ Studienrahmenbedingungen (allgemein),

⇒ finanzielle Einbußen,

⇒ gesundheitliche Belastungen,

⇒ (fehlender) Urlaub und

⇒ Praktikumsinhalte und die betriebliche Organisation.

Am stärksten vertreten waren Aspekte, die sich auf die Work-Life-Balance beziehen. Befragte äußerten:

> *„Kaum noch Privatleben da Studium, Arbeit und Verfolgung von privaten Interessen korrigierten“*[14] *(PR09: 8)*

In diesem Bereich konnten die meisten Aussagen der Unterkategorie **Nebenjob/Praktikumsvergütung** zugeordnet werden. Dies geht vor allem mit der Doppelbelastung aus dem Praktikum und einer gleichzeitigen Erwerbstätigkeit zur finanziellen Absicherung einher. Zum Teil konnte auf den Nebenjob organisatorisch von Seiten der Praktikumseinrichtung oder im Hinblick auf den Studienverlauf keine Rücksicht genommen werden. Die Studierenden hätten sich dies gewünscht. Insbesondere während des Praxissemesters geraten Studierende so in ein Dilemma. Sie müssen die Anforderungen des Praktikums mit den Verpflichtungen aus der Nebentätigkeit in Einklang bringen, auf die sie aufgrund nicht bezahlter Praktika zur Sicherung ihres Lebensunterhaltes angewiesen bleiben. Eine weitere Facette dieses Dilemmas besteht darin, dass nahezu zwangsläufig Arbeitsschutzgesetze nicht eingehalten werden:

> *„Ich hatte einen Nebenjob (Nachtschichten). Ich bin teilweise morgens nach der Arbeit direkt zum Praktikum und vom Praktikum zur Arbeit.“ (PR09:25)*

Das Angewiesensein auf Nebenbeschäftigungen wurde zum Teil von den Studierenden mit dem Praxispartner*innen nicht klar kommuniziert. Insbesondere im Vergleich zum theoretischen Teil des Studiums bleibt während des Praxissemesters

---

[14] Zitate aus den offenen Antwortformaten werden im Originalton wiedergegeben. Rechtschreibfehler werden ohne Kennzeichnung korrigiert, sofern sie den Sinn der Aussage nicht beeinflussen. Grammatikalische Abweichungen, sowie Genderformen werden aus dem Original übernommen.

deutlich *weniger Zeit für private Verpflichtungen und Interessen*. Vor allem wurden *fehlende zeitliche Ressourcen* für die Familie, soziale Kontakte, Hobbys, private Verpflichtungen oder Zeit zur freien Gestaltung von den Studierenden als Belastung empfunden.

In der Unterkategorie **Prüfungen/Studienrahmenbedingungen** werden Belastungsfaktoren benannt, die sich auf die, während des Praxissemesters abzuleistende Lehrveranstaltungen und Prüfungsleistungen beziehen. Darin wird zum einen auf den zeitlichen Faktor und zum anderen auf psychische Aspekte abgestellt:

> *„Zu Beginn ist die Dreifach-Belastung von Praktikum, Nebenjob und arbeiten/ lernen für die noch ausstehenden Studien- und Prüfungsleistungen noch nicht so stark zu merken gewesen, aber mit der Zeit stellte sich heraus, wie anstrengend es ist, wenn man sich noch zusätzlich auf einen Bereich wie das Praktikum konzentrieren musste." (PR09:17)*

Weitere Belastungen können durch lange Anfahrtswege zur Praktikums-bzw. Arbeitsstelle entstehen. Aus den Daten geht hervor, dass ein Großteil (92,3 %) der Studierenden das Praktikum in einer Einrichtung absolvierte, die stadtnah gelegen ist. Lange Anfahrtswege entstehen dann, wenn Studierende außerhalb wohnen, auf öffentliche Verkehrsmittel angewiesen sind oder die Arbeitsstelle bei der Praktikant*innen tätig sind, nicht städtisch gelegen ist. So wurden fehlende zeitliche Ressourcen für ehrenamtliche Tätigkeiten von 3 Studierenden genannt:

> *„oft meine Aufgaben aus dem Ehrenamt nicht geschafft" (PR09:26)*

Als prägnante Belastungsfaktoren bleiben jedoch finanzielle Einbußen, die durch das Absolvieren der in der Regel unbezahlten Praktika entstehen. Entweder führt dies, wie bereits angesprochen dazu, dass Studierende Mehrfachbelastungen in Kauf nehmen, um ihren Lebensunterhalt zu sichern. Unter anderem führt dies auch dazu, dass gesundheitliche Belastungen benannt werden. Diese zeigen sich in mentaler und körperlicher Erschöpfung, psychischer Belastung und Schlafmangel. In Fällen, in denen Nebenjobs während der Praktika nicht aufrechterhalten werden können, geht dies mit massiven finanziellen Einbußen einher.

In ihren Antworten merkten Studierende weiterhin an, dass während der Praktika kein Urlaub vorgesehen ist. Insbesondere von Alleinerziehenden oder Praktikant*innen mit Familie wurde dies als Belastungsfaktor beschrieben. Sie konnten die Schulferien während der Praxisphase nicht für gemeinsame Urlaube mit der Familie nutzen.

Die betriebliche Organisation in der Praktikumsstelle erschwerte gelegentlich die Umsetzung und das Erreichen gesetzter Ziele innerhalb des Praktikums so werden Schichtdienste oder auch Wochenendarbeit als abträglich für selbstorganisiertes Lernen angegeben:

> *„Es sollte also mehr Zeit für Neugier und Selbstbestimmtes Lernen geben" (PR09:68)*

Auch für die Organisation des Studienverlaufs an der Hochschule gab es einen Hinweis. Im Hinblick auf die **Studienrahmenbedingungen** wurde eine Änderung der Reihenfolge von Lehrveranstaltungen im Modulkatalog gewünscht, um besser auf Inhalte Praxissemester vorbereitet zu sein.[15]

Im Umkehrschluss führten die genannten Belastungsfaktoren nicht dazu, dass Studierende ihr Studium abbrechen wollten. Dies wurde in einer geschlossenen Fragestellung erhoben. Trotz der Belastungswahrnehmungen wurde in 74,1% der Antworten von Studierenden angegeben, dass sie ihr Studium fortsetzen und auch nicht unterbrechen zu wollen.

[15] So ist beispielsweise Im Modulkatalog der FH Erfurt ist ein Modul zur „Fallarbeit und Praxisvorbereitung" vorgesehen.

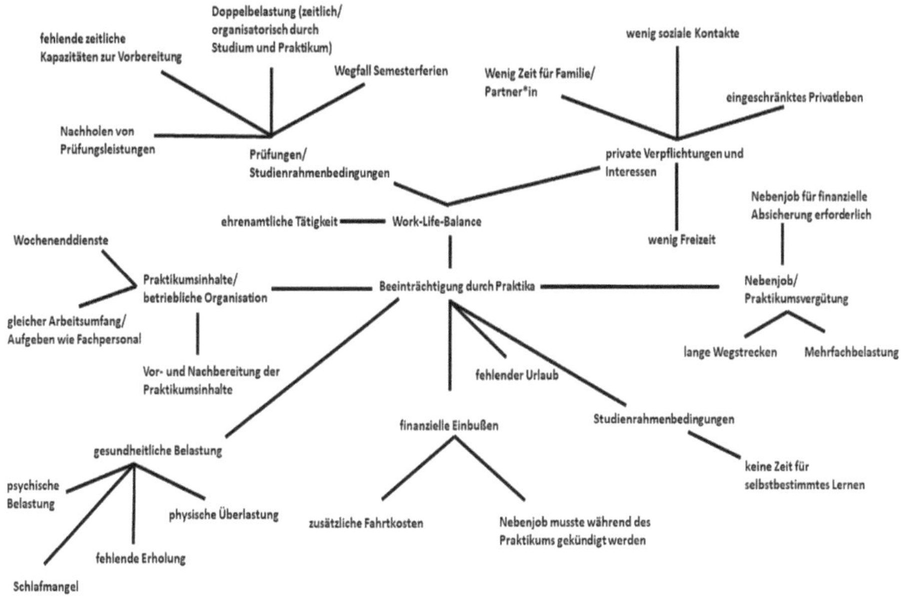

Abbildung 4: Segmente-Modell "Beeinträchtigung durch Praktika"

Die Komplexität der wahrgenommenen Beeinträchtigungen zeigt dieser Überblick in der Vernetzung zwischen unterschiedlichen Belastungsfaktoren.

Als Indiz dafür können Erkenntnisse aus Seithe (2012) herangezogen werden, die den Anpassungsdruck Sozialer Arbeit an die Verhältnisse anhand zahlreicher Beispiele und Illustrationen offenlegt. Sie zeigt, dass Sozialarbeiter*innen eher zum Aushalten widriger und einschränkender Bedingungen auch dann neigen, wenn fachliche Gründe entgegensprechen. Nur 17,1% zogen eine Unterbrechung oder einen Abbruch des Studiums in Betracht. Diese Daten stimmen mit bisherigen Studien überein, die bei etwa 20% der Befragten das Nachdenken über einen Studienabbruch zeigten (Bundesministerium für Bildung und Forschung, 2017, S. 10).

Die artikulierten Belastungen erschließen sich erst im Zusammenhang der Wechselwirkungen verschiedener Einzelfaktoren. Das Praxissemester wirkt dabei wie Brennglas. In der konkreten Lebenssituation Studierender werden die Einzelfaktoren in ihrem Zusammenspiel als Belastung oft erstmals deutlich wahrgenommen.

Einzelne Belastungsfaktoren können während der theoretischen Phasen im Studium noch kompensiert werden. Dies gelingt zahlreichen Studierenden im Praxissemester nicht mehr oder allenfalls bedingt.

Im Vergleich zum theoretischen Teil des Studiums bleibt während des Praxissemesters weniger Zeit für die Familie, für private Verpflichtungen und Interessen. Befragte Studierende gaben auch mögliche Entlastungsfaktoren an, die folgend dargestellt und diskutiert werden.

Mögliche Entlastungsfaktoren im Praxissemester

In Filterfragen wurden Studierende, welche die Arbeitsbelastung innerhalb des Praktikums als zu hoch empfanden um Angaben dazu gebeten, welche Aspekte ihrer Meinung nach zu einer Entlastung beitragen könnten. Die Angaben ließen sich kategorial in

⇒ Arbeitsplatzrahmenbedingungen,
⇒ Studienrahmenbedingungen,
⇒ Arbeitszeit,
⇒ Urlaubstage und
⇒ Aufwandsentschädigung

clustern. Auch in Bezug auf Praktika ist der Fachkräftemangel inzwischen angekommen. So werden von Praktikant*innen inzwischen Aufgaben übernommen, die üblicherweise im Kompetenzbereich von Fachkräften liegen. Von Studierenden im Praktikum wird dies so wahrgenommen, dass ein Personalmangel kompensiert werden soll. Im Antwortverhalten der Befragten hängen diese Aussagen einerseits mit der territorialen Lage der Praktikumseinrichtung und andererseits mit der Ausrichtung des Arbeitsfeldes zusammen. Insbesondere im Kontext der Fluchtbewegungen ab dem Jahr 2015 kam es zu einem Zuwachs des Fachkräftebedarfs in der Kinder- und Jugendhilfe. Diesen zusätzlichen Bedarf sollten beispielsweise Nachqualifizierungen oder auch eine zusätzliche Akquise von Fachkräften decken. Dies gelang nur teilweise, weil demografische Effekte auch zu einem Ausscheiden von Fachkräften aus dem Berufsleben beitrugen (Ehrlich, Martin, Hänel, Anja, 2012,

85ff). Als möglicher Lösungsansatz, der aber mehr das Dilemma beschreibt, findet sich in den Antworten folgende Aussage:

> *„Mehr Fachkräfte in der Einrichtung selbst, damit Praktikant*innen nicht unbezahlte Fachkraft Arbeit machen müssen" (PR07: 17)*

Der Mangel an Fachkräften hängt auch mit fehlenden zeitlichen Ressourcen für Aufgaben neben den Praktika zusammen. Das Fehlen entsprechend qualifizierter Mitarbeiter*innen führt nicht selten zu Überstunden, die auch von Praktikant*innen geleistet werden. Zudem resultiert daraus ein Mangel an zeitlichen Ressourcen für die interne Reflexion, für Feedback und auch die Anleitung von Studierenden. In der Kategorie **Arbeitsplatzrahmenbedingungen** wurden dahingehend anteilig genehmigte Urlaubstage als entlastender Faktor angegeben. Vor allem Praktikant*innen mit Kindern gaben fehlende Urlaubsansprüche als Belastung an.

In die Kategorie **Studienrahmenbedingungen** wurde vor allem die Laufzeit von Praktika und die innerhalb dieser zu erbringenden Leistungen an der Hochschule aufgenommen. Dazu zählen unter anderem der Besuch von Supervision und Reflexion, die Erstellung des Praktikumsberichts, zu absolvierende Prüfungen oder auch die Vorbereitung auf das Praktikumskolloquium. Befragte wünschen sich mehr Zeitflexibilität und auch freie Zeiten während des Praxissemesters.

Der Wunsch nach einer (finanziellen) Aufwandsentschädigung wurde in zahlreichen Antworten Befragter genannt. Dabei wurde eine Bandbreite an Möglichkeiten aufgegriffen. Es handelt sich dabei beispielsweise um:

⇒ die Erstattung von Fahrtkosten,
⇒ die Zahlung einmaliger Aufwandsentschädigungen oder
⇒ regelmäßige Zahlungen.

Diese Angaben werden überwiegend von Studierenden getroffen, die auf die Finanzierung ihres Lebensunterhaltes durch Nebenjobs angewiesen sind:

> *„Es müsste eine Aufwandsentschädigung seitens der Stellen geben um die zusätzliche Belastung des Arbeitens/ Geld Verdienens zu puffern." (PR07: 15)*

In lediglich 18,5 % der Antworten wurde der Erhalt einer finanziellen Entlohnung während des Praxissemesters angegeben. Vier Studierende erhielten eine einmalige Aufwandsentschädigung von ihren Praktikumseinrichtungen. Von 11 Praktikant*innen wurde eine monatliche Vergütung angegeben. Die monatlichen Zahlungen variiert sehr stark. Die Bandbreite reicht hier von 50 €-450 € monatlich. Der Großteil (80,2 %) bezog keine finanzielle Entlastung während des Praxissemesters. Etwa 1,3 % waren sich (noch) nicht sicher. Dies weist darauf hin, dass eine entsprechende Klärung vorab nicht gefunden hat.

Im Rahmen der Kategorie Arbeitszeit wurde seitens der Studierenden vor allem der Wunsch nach einer zeitlichen Reduzierung, bzw. einer verkürzten Arbeitswoche genannt. Dies betrifft vor allem Studierende mit Kind oder jene, die einem Nebenjob nachgehen müssen. Thematisch wurden hier auch Änderungswünsche bezüglich der Arbeitszeit oder der Wunsch nach der längerfristigen Planbarkeit von Terminen aufgenommen. Gleichermaßen wurde der Wunsch nach der Anrechnung belegter Lehreinheiten an der Hochschule auf die wöchentliche Arbeitszeit angemerkt[16]. Darin wird entweder deutlich, dass Studierende zusätzlich zu den praktikumsbegleitenden Pflichtveranstaltungen weitere Lehreinheiten belegen oder aber, dass eine Unkenntnis bezogen auf die curricular festgeschriebene Belastung vorliegt.

Der Druck auf jenen, die während des Praxissemesters einer Erwerbstätigkeit nachgehen müssen, scheint enorm. Während des Praktikums finanzierten sich 20,5 % durch eine Erwerbstätigkeit, 18,5 % erhielten eine finanzielle Unterstützung durch die Eltern und 17,4 % erhielten eine Förderung über BAföG. Als weitere Finanzierungsmöglichkeiten wurde in 15,4 % der Antworten Kindergeld, in 9,7 % der Antworten Ersparnisse und in 8,7 % weitere Einnahmequellen angegeben. In den Antwortmöglichkeiten zu den weiteren Einnahmequellen findet sich die Unterstützung durch den/ die Partner*in, die Finanzierung durch Studienkredite (4,6 %) oder Sti-

[16] Die Modulhandbücher des BA Soziale Arbeit an der Ernst-Abbe-Hochschule Jena und an der FH Erfurt geben eine wöchentlich regelmäßige praktische Arbeitszeit von 32 Stunden an. Hinzugerechnet werden die Lehreinheiten (Reflexion, Supervision, Praktikumsbegleitveranstaltungen), sodass in der Summe eine wöchentliche Arbeitszeit von 40 Stunden daraus resultiert.

pendien (2,6 %). In lediglich 2,6 % der Antworten finden sich Angaben auf die Finanzierung durch die Praktikumsvergütung.

Im Fragebogen wurde auch die *Haupteinnahmequelle* während des Praxissemesters erfragt. Hier werden die 3 häufigsten Antworten mit

$\Rightarrow$ BAföG (32,1 %),

$\Rightarrow$ den Eltern (27,2 %) und

$\Rightarrow$ eine Erwerbstätigkeit neben dem Praktikum (19,8 %)

genannt. Neben dem theoretischen Teil des Studiums waren etwa $^2/_3$ der Studierenden erwerbstätig. In etwa 22,5 % der Antworten fand sich eine Unterbrechung des Nebenjobs während des Praxissemesters.

Als häufigste Berufsfelder während des Praktikums wurde die Kinder- und Jugendhilfe (31,9 %) und die Arbeit mit Menschen mit Behinderung (16,5 %) angegeben. Als Gründe für die Wahl dieser beiden Tätigkeitsgebiete wurden Ablehnungsgründe für andere Arbeitsbereiche genannt. Für die Suchthilfe und Felder mit den Schwerpunkten Migration und Integration wurde in der Hälfte der Antworten die Arbeitsbelastung als zu hoch angegeben. Für den Bereich der Kinder- und Jugendhilfe wurde nur in 15,6 % der Antworten die Belastung als zu hoch eingestuft. Die anderen Bereiche wiesen höhere Werte aus. In der Kinder- und Jugendhilfe gaben 6 Praktikant*innen eine Bezahlung an. Darüber hinaus wurden 3 Praktikant*innen in der klinischen Sozialarbeit und der Sucht- und Drogenhilfe, sowie in 3 weiteren Gebieten der sozialen Arbeit bezahlt. Die Grundgesamtheit der Antworten lag hier bei 81.

Auf diese Weise lassen benannte Belastungsfaktoren auch Rückschlüsse auf Hintergründe für einen reklamierten Fachkräftemangel in bestimmten Arbeitsfeldern zu.

Wenn also danach gefragt wird, auf welche Weise die wenig gewählten Tätigkeitsfelder Sozialer Arbeit Praktika zur Rekrutierung von Fachpersonal heranziehen können, dann geraten 3 Zielrichtungen in den Blick:

1. Diese Arbeitsfelder sollten dichter über spezifische Themen mit den theoretischen Inhalten in der akademischen Ausbildung verbunden werden, damit bereits dort eine entsprechende Vermittlung und Sensibilisierung für diese wichtigen Tätigkeitsbereiche erfolgt.

2. Einrichtungen in diesen Arbeitsfeldern sollten stärker für sich werben. Dies kann beispielsweise durch die Teilnahme an Praxistagen an der Hochschule, durch die Darstellung von Arbeitsprofilen auf der Homepage der Träger oder auch durch eine entsprechende Öffentlichkeitsarbeit gelingen.
3. Durch entsprechende Arbeitsbedingungen könnten diese Arbeitsfelder künftige Fachkräfte stärker ansprechen. Dazu zählen Arbeitsrahmenbedingungen, wie flexible Dienstpläne, in denen Rücksicht auf Familien, Pflege- oder Erziehungsaufgaben genommen wird oder auch eine Bezahlung von Praktika.

Neben den bereits behandelten Themen konnten Studierende weitere Anmerkungen zum Praxissemester im Fragebogen hinterlassen.

Anmerkungen der Studierenden zum Praxissemester

Um weitere Erkenntnisse zu gewinnen, wurde nach sonstigen Anmerkungen gefragt, die Studierende über ihr Praktikum im Praxissemester machen möchten. Die Antworten beinhalten zum Großteil ein *positives Feedback* zum Praxissemester, Aspekte, die mit einer *(fehlenden) Vergütung* einhergehen und Anmerkungen zu *Arbeitsrahmenbedingungen/-Inhalten*. Zudem gibt es Anmerkungen zu den *Studienrahmenbedingungen* und *zusätzlichen Belastungen*, sowie Aussagen, die nicht thematisch eingeordnet werden konnten und als Kategorie *Sonstiges* analytisch aufgenommen wurden.

Wie bereits dargestellt, war ein Großteil der Befragungsteilnehmer*innen mit ihrem Praxissemester zufrieden. Dies spiegelt sich auch anhand des positiven Feedbacks im Rahmen der sonstigen Anmerkungen wider. Vor allem betrifft dies die Inhalte des Praktikums und die fachlichen Aspekte bestätigt die Bedeutung der Praxiserfahrung innerhalb des Studiengangs BA Soziale Arbeit, die als

> *„sehr bereichernd" (PR08: 16)*

dargestellt wurde.

Dennoch wurden vor allem Forderungen nach einer Vergütung des Praxissemesters geäußert. Dies wurde in den Antworten vor allem damit begründet, dass Praktikant*innen im späteren Verlauf des Praxissemesters wie vollwertige Arbeitskräfte behandelt und auch entsprechend eingesetzt werden.

> *„Ich finde, die Vergütung des Praxissemesters sollte Pflicht werden. Ich wurde nach ein paar Wochen als vollständiges Team-Mitglied behandelt und habe mit wenigen Ausnahmen alle Aufgaben übernommen, die auch die fest angestellten Sozialarbeiter hatten." (PR08: 3)*

Allerdings wird auch im Anschluss an Mechthild Seithe (2012) deutlich, dass sich Studierende mit einschränkenden Bedingungen abfinden. Diese werden zwar dargestellt, diskutiert und reklamiert, führen aber nur selten zu konkreten Veränderungen. Wird hier bereits mit Thole (2012) eine Rückbindung auf die reflexive Professionalisierung in den Blick genommen so zeigt sich, dass die Reflexion zwar zu einem Befund führt, der sich mit einer Veränderung der Praxis jedoch schwer tut.

So wurde im Fragebogen geäußert:

> *„Geld wäre schön als Kriterium, habe es aber noch nie erlebt eine Bezahlung als Praktikant*in zu erhalten" (PR08: 4)*

In den Antworten wurde eine Vergütung während des Praxissemesters als Anreiz angesehen.

> *„Bezahlung war ein großer Anreiz und wäre standardisiert wünschenswert" (PR08: 4)*

Darüber hinaus wurde aus den weiteren Anmerkungen die Kategorie **Arbeitsplatzrahmenbedingungen** erstellt. Darin wurden Äußerungen zum Fachkräftemangel hinterlassen. Praktikant*innen übernahmen Aufgaben des Fachpersonals. Damit ging einher, dass sie bereits zu Beginn ihres Praktikums vergleichsweise viel Verantwortung übernahmen. Die Einbindung als gleichberechtigtes Teammitglied in die Arbeitsabläufe wurde zum einen als Lernfeld betrachtet. Zum anderen galt es auch als Indiz dafür, dass in Bezug darauf auch Überforderungssituationen geäußert wurden. Dies war insbesondere dann der Fall, wenn die vergleichsweise frühe Übergabe von Verantwortung als Kompensationsmittel für den Fachkräftemangel diente. Praktikant*innen fühlten sich in gewissen Situationen dann alleingelassen, wenn die

Anleitungsperson keine Zeit für Rückfragen oder Reflexionsgespräche hatte, möglicherweise selbst mit Praxisaufgaben sehr belastet war:

> „Zu dünn besetzt und dadurch sehr viel Verantwortung von Anfang an. Dies empfand ich prinzipiell als gut und lehrreich, jedoch fühlte ich mich auch in ein paar wenigen Momenten sehr allein damit." (PR08: 25)

Weitere Anmerkungen bezogen sich auch auf die **Studienrahmenbedingungen**. Darin wurden insbesondere Bezug auf die Häufigkeit bzw. Regelmäßigkeit der Reflexions- und Supervisionsveranstaltungen, sowie Begleitlehrveranstaltungen genommen. Neben den Studierenden, die sich für mehr Unterstützung durch Begleitlehrveranstaltungen und die Supervision aussprachen, fanden sich in den Äußerungen auch Hinweise darauf, Begleitlehrveranstaltungen besser durch Praxiszeiten zu ersetzen. Dies wurde vor allem dahingehend geäußert, dass die dann zur Verfügung stehende zusätzliche Zeit dafür genutzt werden kann, sich intensiver auf Praxisinhalte konzentrieren zu können. Kritisch kann dahingehend angemerkt werden, dass eine Professionalisierung dann misslingt, wenn Handlungsformate (entweder Studium oder Praxis) gegeneinander aufgewogen werden. Im professionellen Handeln sind beide Sphären miteinander verbunden.

Bevor eine dezidierte Diskussion zu den Antworten beider Fragebögen erfolgt, werden die Ergebnisse kurz zusammengefasst.

Resümierend bestätigt die Auswertung des Fragebogens, dass Studierende während der Praktika zusätzlichen Belastungsfaktoren ausgesetzt sind. Diese werden insbesondere darin wahrgenommenen, dass Praktikant*innen aufgrund des Personalmangels in Praxiseinrichtungen zur Kompensation herangezogen werden und Aufgaben auf der Ebene von Fachkräften übernehmen. Der Personalmangel wirkt sich überdies auf die Bedingungen in der Praxis aus. So sind nicht immer zeitliche Ressourcen für die Anleitung von Praktikant*innen in den Arbeitsplänen vorhanden. Eine knappe Personaldecke wirkt sich auf das Zeitmanagement innerhalb des Praktikums aus, innerhalb dessen auf Familien-, Pflege- und Erziehungszeiten der Praktikant*innen kaum Rücksicht genommen werden kann. Inwiefern Urlaubszeiten in das Praxissemester integriert werden könnten wäre im Hinblick auf die, in die Studienordnungen integrierten Praktikumsordnungen zu prüfen. Darin sind zeitliche

Verlängerungen grundsätzlich zulässig. Die Wahl dieser Variante wirkt sich jedoch auf den Studienverlauf insgesamt aus.

Eine finanzielle Vergütung des Praxissemesters könnte entlastend wirken, wird jedoch nur selten praktiziert. Gerade diese könnte den Druck zu einer Erwerbstätigkeit neben dem Vollzeitpraktikum deutlich reduzieren.

Bevor die Ergebnisse miteinander im Zusammenhang diskutiert werden, wird nun zunächst die Auswertung des Fragebogens der Praxispartner*innen dargestellt.

Auswertung des Fragebogens der Praxispartner*innen

Der für die Befragung von Praxiseinrichtungen konzipierte Fragebogen wurde an 790 Einrichtungen versandt. 143 Einrichtungen beteiligten sich an der Befragung. Davon füllten 105 Einrichtungen den Fragebogen vollständig aus. Dies entspricht einer allgemeinen Rücklaufquote von 18,1 %. In mehr als der Hälfte der Antworten (54,2 %) wurde ersichtlich, dass der Fachkräftemangel bereits ein Problem darstellt. Dieser Befund deckt sich mit dem im Vorfeld gesichteten Arbeitsmarktstudien (Bundesagentur für Arbeit, 2018; Ehrlich et al., 2010; Vogler-Ludwig & Düll, 2013, 80ff). Der in den Antworten verdeutlichte Fachkräftemangel schlägt sich bislang nicht in einer Veränderung von Praktikumsbedingungen nieder. So war in lediglich 9 von 105 Fragebögen eine Bezahlung von Praktika angegeben, obgleich in 98,8 % der Fragebögen Praktika als ein probates Mittel zur Fachkräftegewinnung angesehen werden.

Zur territorialen Verteilung von Praktikumsstellen gaben 78,1 % eine städtische Lage und 21,9 % den ländlichen Bereich an. Tendenziell reklamierten Praxiseinrichtungen in ländlichen Bereichen stärkere Probleme mit der Gewinnung von Fachkräften. Seitens der öffentlichen Förderung ländlicher Räume wird dabei systematisch die infrastrukturelle Bedeutung sozialer Einrichtungen in ruralen Gebieten übersehen. So macht die Studie von Ehrlich und Hänel (2012) darauf aufmerksam dass sich gerade vor dem Hintergrund des demografischen Wandels Investitionen in die soziale Infrastruktur in ländlichen Gebieten im Hinblick auf den Social Return on Investment (SROI) lohnen. Soziale Einrichtungen sind in der Regel lokal vernetzt. Sie unterhalten Beziehungen zu lokalen Handwerksfirmen (z. Bsp. bei erforderlichen Reparaturen) oder Zulieferern, beschäftigen ortsansässige Mitarbeiter*innen oder sorgen gar für Zuzug, so dass über soziale Anliegen hinaus auch die lokale Wirtschaft von der sozialen Infrastruktur profitiert. Die im Vergleich zu den Städten geringe Ausstattung ländlicher Räume mit allen Einrichtungen weist dahingehend auch auf die Gestaltungsmöglichkeiten durch die öffentliche Finanzierung in. Für andere Berufsgruppen werden längst finanzielle Förderungen bei einer Niederlassung im ländlichen Raum gewährt. Die Unterstützung für Ärzte kann als Beispiel angeführt werden (Freistaat Thüringen, Ministerium für Arbeit, Soziales, Gesundheit, Frauen und Familie, ohne Jahr). Obgleich der Fachkräftemangel in ländlichen Räumen ein größeres Thema als in Städten ist, werden in den Antworten keine spezifischen Werbe- oder Fördermaßnahmen zur Gewinnung von Fachkräften angeführt. Einrichtungen in ländlichen Räumen gingen tendenziell auch weniger kreativ mit unterschiedlichen Möglichkeiten für Stellenausschreibungen um. So werden seltener parallel Praxistage, Webseiten oder Printmedien für die Ansprache potentieller Fachkräfte genutzt. Städtische Einrichtungen hingegen greifen auf eine höhere Bandbreite an unterschiedlichen Möglichkeiten zur Werbung um Fachkräfte zurück. Auch darin zeigt sich, dass städtische Einrichtungen sowohl im Hinblick auf die bereits vorhandene Infrastruktur, als auch in Bezug auf deren Nutzung privilegiert erscheinen. Darin zeigt sich auch, dass eine flächenübergreifend ähnliche oder gleiche Finanzierung sozialer Einrichtungen eben gerade nicht zu einer Angleichung von Bedingungen beiträgt, sondern vielmehr das Gefälle zwischen Stadt und Land reproduziert, wenn nicht gar verstärkt. Die Finanzierung sozialer Einrichtungen berücksichtigt selten regionale Besonderheiten. So stellt die Arbeit beispielsweise mit Senior*innen, Menschen ohne Arbeit, Menschen mit Behinderungen, Suchterkrankten oder Migrant*innen in Städten eine längst akzeptierte und anerkannte Normalität dar. In ländlichen Räumen kann diese Arbeit jedoch voraussetzungsreich sein. Neben Mobilitätsanforderungen sind unter anderem Effekte der Sichtbarkeit und möglicherweise Ressentiments damit verbunden (Bigalke et al., 2018). In der Befragung wurde auch deutlich, dass städtisch gelegene Einrichtungen attraktiver für Akademiker*innen sind. Bei der Bezahlung von Mitarbeiter*innen zeigen sich zwischen Stadt und Land allenfalls marginale Unterschiede. Von 105 Einrichtungen befinden sich 99 (94,3 %) in Thüringen. Die restlichen 6 befinden sich in Brandenburg, Nordrhein-Westfalen, Sachsen, Sachsen-Anhalt und Schleswig-Holstein. Zu etwa einem Viertel gaben Einrichtungen in ihren

Antworten an, dass 100 % der Mitarbeiter*innen akademische Abschlüsse besitzen. Bei 10,6 % der Einrichtungen sind es 50 % der Belegschaft, 15,4 % beschäftigen bis zu 10 % der Mitarbeiter*innen mit einem Hochschul- oder Universitätsabschluss. Nur 7 Einrichtungen gaben an, überhaupt keine Akademiker*innen in der Einrichtung angestellt zu haben.

Im Hinblick auf den Fachkräftemangel beschäftigten die Befragten insbesondere die Themen

⇒ Bewerberlage (Nennung in 45 Fragebögen),
⇒ die Vereinbarkeit von Familie und Beruf (43),
⇒ Arbeitszeitmodelle (z. Bsp. Schichtarbeit/ flexible Arbeitszeiten-42),
⇒ die mangelnde Motivation oder Belastbarkeit von Bewerber*innen (39) oder auch
⇒ fehlende Fachkenntnisse (36).

Im Hinblick auf die Rekrutierung von Fachkräften zeigte sich, dass 21,4 % eher auf bestehende Kontakte und Vernetzungen setzen, 23,8 % schreiben externen Stellenausschreibungen ein hohes Potenzial für die Fachkräftegewinnung zu. Praxistage an Bildungseinrichtungen wird von 17,1 % der Einrichtungen als Möglichkeit für die Fachkräftegewinnung herangezogen. Für Festeinstellungen wird bevorzugt über die eigene Homepage, das Jobcenter/ die Arbeitsagentur oder interne Ausschreibungen geworben. Potenziale sehen die Praxiseinrichtungen in Berufsmessen und Kontaktbörsen. Mailverteiler und Aushänge in Universitäten/ Hochschulen sowie Zeitungen werden weniger für die Akquise neuer Mitarbeiter*innen genutzt.

Über die Einstellung von Praktikant*innen entscheiden primär der gute Eindruck beim Vorstellungsgespräch, der zeitliche Umfang des Praktikums, Kompatibilität mit der Einrichtung und dem Team sowie die sozialen Kompetenzen. Weniger Relevanz wird hingegen der Selbstdarstellung auf sozialen Netzwerken, dem Alter oder auch der Methodenkompetenz zugeschrieben, weil diese sich erst in der praktischen Arbeit zeigt.

Abbildung 5: Auswahlkriterien für Praktikant*innen in absoluten Zahlen

Aus etwa 70% der der Antworten von Praxispartner*innen geht hervor, dass diese Praktikant*innen bezahlen würden, wenn eine Refinanzierung über Kostensätze erfolgt, spezifische Qualifikationen mitgebracht werden, ausbildungsvertragliche Regelungen dies vorsehen oder der zeitliche Umfang angemessen erscheint. Aus der Befragung geht hervor, dass Praxiseinrichtungen in den Arbeitsfeldern der Kinder- und Jugendhilfe, sowie der Sucht- und Drogenberatung teilweise bereits bezahlte Praktika angeboten haben. In der Befragung wurde auch erhoben, unter welchen Umständen Praxispartner*innen bereit dazu wären, bezahlte Praktika anzubieten.

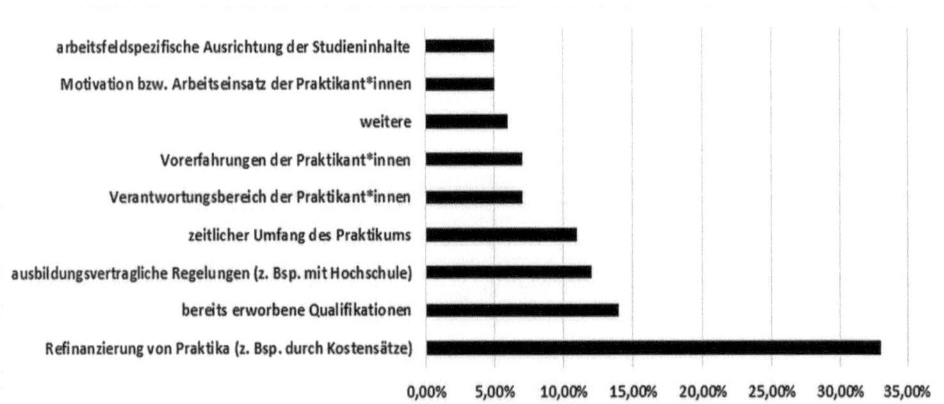

Abbildung 6: "Wann würden Sie Praktikant*innen bezahlen?"

Die Grafik zeigt, dass an 2. Stelle der Nennungen bereits erworbene Qualifikationen eine Rolle spielen und an 3. Stelle werden ausbildungsvertragliche Regelungen der Hochschulen angegeben.

In der Befragung der Praxispartner*innen ging es auch um die **Arbeitsplatzrahmenbedingungen**. Eine tarifliche Entlohnung gaben 65,5 % der Einrichtungen an. Da es sich bei Sozialer Arbeit nicht um ein Berufsfeld handelt, in dem Karrierewege strukturell vorgezeichnet sind, bildet die tarifliche Entlohnung bereits einen typischen Gradmesser für die Anerkennung geleisteter Arbeit ab. Die Reputation von Arbeitgeber*innen führt nicht zwangsläufig dazu, dass der Fachkräftemangel behoben werden kann. Attraktiv hingegen wirken weitere Arbeitsplatzrahmenbedingungen, wie unbefristete Arbeitsverträge jenseits von Projektstellen, flexible Arbeitszeiten oder auch transparent nachvollziehbare Möglichkeiten für den beruflichen Aufstieg. Dahingehend wurde erfragt, welche Arbeitszeitmodelle einzelne Einrichtungen anwenden. Bei dieser Frage konnte eine Mehrfachauswahl getroffen werden.

In 52,5 % der Antworten wurde angegeben, dass es Kernarbeitszeiten gibt. Fast die Hälfte der Einrichtungen (44,6 %) wenden ein Gleitzeitmodell an. Nahezu üblich ist auch die Arbeit an Wochenenden (37,6 % der Antworten). Nur bei 10,9 % wird auch Schichtarbeit geleistet.

Wenn es um die Professionalität von Sozialarbeiter*innen und die Professionalisierung der sozialen Arbeit geht kommt man nicht umhin, sich zum Begriff der Fachkraft zu positionieren. Bereits dargestellt wurde im Kapitel „Professionalisierungsdebatte“, dass die Professionalität der Praktikant*innen und die Professionalisierung beruflichen Handelns keine rein akademische Debatte ist. Vielmehr findet diese in der wechselseitigen Durchdringung von Wissenschaft und Praxis ihren Ausdruck. Im Fragebogen an die Praxiseinrichtungen wurde erfragt, was diese unter dem Begriff der Fachkraft verstehen.

Perspektiven der Praxis auf den Begriff der Fachkraft

Diese Frage wurde einbezogen, um Überschneidungen oder auch Abgrenzungen zwischen den akademischen und praxisbezogenen Perspektiven reflektieren zu können. Vor dem Hintergrund des angesprochenen Fachkräftemangels kommt dieser Frage eine hohe Relevanz zu. Anhand der eingegangenen Antworten wurden folgende Kategorien gebildet.

In 80 Antworten definieren die meisten Praxispartner*innen eine Fachkraft über ihren Berufsabschluss. Dabei gehen die Meinungen weit auseinander und sind zum Teil auch widersprüchlich. Das Spektrum der verschiedenen Berufsabschlüsse reicht vom Studium der sozialen Arbeit mit staatlicher Anerkennung.

> *„Mitarbeiter, der ein abgeschlossenes Studium soziale Arbeit hat und die staatliche Anerkennung dafür vorweisen kann2 (PR03: 61)*

Auch artverwandte Studienabschlüsse wurden in den Antworten genannt.

> *„Abgeschlossenes Studium im Fachbereich" (FK03: 53)*

> *„Hochschulabsolvent*in - Fachrichtung Sozialer Arbeit o.ä." (FK03: 33)*

Die Bandbreite reichte bis zur Berufsausbildung eines artverwandten Berufsbildes mit oder ohne staatliche Anerkennung.

> *„Eine staatlich anerkannt[e] Erzieherin oder Heilpädagogin mit einem pädagogischen Auftrag" (FK03: 51)*

In einigen Antworten fand sich kein Unterschied zwischen Studium oder Ausbildung, solange diese thematisch noch in das Praxisfeld passen.

> *„Mitarbeiter, zur Ergänzung sozialpädagogischer oder erzieherischer Angebote ohne Hochschulabschluss" (FK03: 73)*

Andere hingegen gaben in den Antworten ein Studium als Mindestanforderung an.

> *„mind. Fachhochschulstudium als Voraussetzung" (FK03: 82)*

In einer Aussage wurde die Bedeutung der theoretischen Ausbildung für nicht so wichtig erachtet. Die Argumentation erfolgte aus der Praxiserfahrung heraus.

„[...] Oftmals nicht ganz so gute Ausbildung" (FK03: 80)

In einigen Rückmeldungen wurde Fachkraft als jemand definiert, die oder der in der Sozialen Arbeit tätig ist. Die heterogenen Rückmeldungen lassen deutlich werden, dass sich kein einheitlicher Fachkraftbegriff manifestiert hat. Möglicherweise stellt dies einen Teil des Dilemmas dar. Gerade die letzte Äußerung zeigt, dass die Praxis gegenüber der Theorie aufgewogen wird. Es geht dann eher um Pragmatismus (die Dinge müssen in der Praxis eben getan werden) und damit weniger um ein Zusammenspiel aus wissenschaftlicher Reflexion und praktischem Handeln. Im Hinblick auf das diskutierte Fachkräfteproblem geraten Wissenschaft und Praxis dahingehend in ein Dilemma:

Abbildung 7: Zirkel des Fachkräftedilemmas

Über den Fachkräftebegriff können Wissenschaft und Praxis in einen Zirkelschluss geraten, dessen kommunikatives Missverständnis sich ohne Dialog nur schwer austarieren lässt. Hilfreich erscheint die Einnahme einer metakommunikativen Perspektive, in der sich beide Seiten miteinander über relevante Begriffsinhalte verständigen. Auch in der Praxis kann der eher eklektische Umgang mit dem Fachkraftbegriff keine Personalprobleme lösen, weil letztlich missverstanden werden kann, welche Expertise tatsächlich gesucht und gewollt ist. Im Hinblick auf Professionalisierungsbemühungen der Branche stellt die Vieldeutigkeit in der Auslegung des Begriffs der Fachkraft ein Hindernis dar. Tarifvertragliche Regelungen vermögen dies nicht einzufangen. Auch eine Vereinheitlichung von Standards im Hinblick auf den Einsatz von Fachkräften kann so nur schwerlich gelingen. Darin mag ein Teil der Schwierigkeit liegen, warum sich Akteur*innen in Sozialer Arbeit gelegentlich fremdgesteuert wahrnehmen. Jede Berufsgruppe akzentuiert den Fachkraftbegriff jeweils unterschiedlich. So kann sich Soziale Arbeit redlich darum bemühen, den differenten Begriffsbildungen gerecht zu werden. Gänzlich gelingen kann dieses Unterfangen in der Sozialen Arbeit nicht. Es geht einseitig auf ihre Kosten, denn sie handelt sich damit eine Heterogenität unterschiedlicher Abschlüsse und Zugänge in der eigenen Berufsgruppe und damit auch reproduzierte Missverständnisse ein.

Der Begriff der Fachkraft bezieht darüber hinaus auch pädagogische Haltungen ein. Die **pädagogische Haltung** schließt Aussagen zu Einstellungen, Welt- und Menschenbilder ein. Im Gegensatz zu persönlichen Eigenschaften, die in der Regel Zuschreibungen sind, beinhaltet die Haltung Werte, Ethik als Ergebnisse der Auseinandersetzung mit der Welt und Wirklichkeit. Hinzu kommen Kompetenzen und Wissen als erworbene Kenntnisse und methodische Fertigkeiten. Diese beziehen sich auf Möglichkeiten des Verstehens und des Veränderns der Welt und Wirklichkeit.

In den Rückmeldungen wurden Aussagen zur persönlichen Eignung, welche auch in rechtlichen Definitionsansätzen Eingang gefunden hat und gleichermaßen qualitative Aussagen, wie ein **professionelles Nähe-Distanz-Verhältnis** (Haltung und Handeln) angegeben. Hier werden vor allem Aussagen aufgegriffen, die sich auf (Habitus-)Bildungsprozesse beziehen (Becker-Lenz & Müller, 2009; Schultheis et al., 2020, 361ff) und sich dahingehend zwischen Studium und Praxis verorten lassen. In der pädagogischen Haltung kommen Aussagen zu Inhalten des Studiums in der Relation zur Praxis zum Ausdruck. Dazu zählen beispielsweise das theoretische und methodische Wissen, administrative oder auch rechtlich relevante Kenntnisse. Für die Praxis ebenso relevant ist die Weiterqualifizierung und Fortbildung von Fachkräften. Arbeitsfeldspezifisch wurden die kontinuierliche Weiterbildung, zusätzlich neben einer grundständigen Qualifikation als bedeutsam eingeschätzt. Das folgende Zitat bringt die unterschiedlichen Facetten auf den Punkt.

> *„Eine sozialpädagogische Fachkraft bedeutet für mich eine Fachkraft die prinzipiell über ein strukturiertes Fachwissen entsprechend der aktuellen Standards verfügt. Dieses Fachwissen, muss entsprechend vergütet werden. Also weg von dem Klischee des "Tee trinkenden Sozialarbeiters". Gleichzeitig haben wir es mit Menschen und nicht mit Autos zu tun. Das heißt die eigene Sozialisation bzw. die Bereitschaft sich selbst zu reflektieren, sich lebenslang portionsweise fortzubilden und auch immer über den Tellerrand zu gucken sind wichtige Grundeigenschaften in diesem Feld. (Definition Fachkraft" (FK03: Pos. 84)*

Übergreifend lässt sich konstatieren, dass aus der Perspektive der Praxis unentschieden ist, ob:

⇒ eine Person als Fachkraft angesehen wird, die über einen grundständigen Abschluss als BA Soziale Arbeit mit staatlicher Anerkennung verfügt und ihr Wissen durch Weiterbildungen aktuell hält, oder

⇒ eine Person ist, die in der Praxis als Sozialarbeiter*in arbeitet und sich durch Berufserfahrung die entsprechende Expertise erwirbt.

Im Hinblick auf den letztgenannten Punkt erfolgten in der Kategorie **Tätigkeitsbeschreibung** Aussagen über den grundsätzlichen Sinn und Zweck der sozialen Arbeit. Eine Fachkraft ist demnach

> *„ein pädagogischer Mitarbeiter, der zielgerichtet Menschen in Problem- oder Entwicklungslagen begleitet und unterstützt in Sinne des systemischen Gedankens" (FK03: Pos. 87)*

mit einem

> *„Abschluss Soziale Arbeit/Sozialpädagogik (Bachelor, Master, Diplom). Ganzheitlicher Ansatz, Klienten begleiten/beraten/konfrontieren. Empathische, wertschätzende Grundhaltung und professionelle Distanz (Abgrenzen notwendig)." (FK03: Pos. 94)*

Einige dieser Antworten bezogen sich auch auf konkrete Arbeitsfelder, in denen Fachkräfte der sozialen Arbeit tätig werden können, wie zum Beispiel als

> *„Fachkraft, welche sich im deutschen Sozialleistungssystem auskennt, die dies kommunizieren kann; die Beziehungsarbeit leisten kann (professionelle) die grundlegend wissenschaftlichen Vorgaben der sozialen Arbeit in die Praxis umsetzen kann und Fertigkeiten für die Bereiche der sozialen Arbeit, wie Jugendhilfe, Geronto, Straffälligenhilfe etc. mitbringt (FK03), Pos. 89)*

Aussagen zum Begriff der Fachkraft wurden auch im Hinblick die **finanzielle Wertschätzung** der beruflichen Tätigkeit getroffen. Nennungen beziehen sich dabei auf die Entlohnung der Arbeit:

> *„weniger Bezahlung, da dies ein Oberbegriff für alle in der Sozialen Arbeit ist“ (FK03: 29)*

> *„dieses Fachwissen muss entsprechend vergütet werden“ (FK03: 84)*

In diesen Antworten wird deutlich, dass die Definition des Begriffes der Fachkraft aus der Perspektive der Praxis gerade vor dem Hintergrund von Praxiserfahrungen vorgenommen wird. Darin spiegeln sich Bedingungen, die bereits in das Praktikum durchschlagen (z. Bsp. die mangelnde finanzielle Wertschätzung der beruflichen Tätigkeit).

Vor- und Nachteile der Beschäftigung von Praktikant*innen

Im Fragebogen wurde auch darauf Bezug genommen, inwieweit Praxispartner*innen in der Beschäftigung von Praktikant*innen Vor- oder Nachteile erkennen.

Zunächst sollen die Nachteile kategorisiert benannt werden. Hauptsächlich wurde in den Antworten dargestellt, dass es einen bedeutenden **Mehraufwand** mit sich bringt, wenn Praktikant*innen beschäftigt werden. Der Mehraufwand folgt vor allem aus der investierten Zeit für die Einarbeitung und Begleitung der Praktikant*innen. Dafür werden spezielle personelle Ressourcen oder eben teilweise Freistellungen von (Anleitungs-)Personal benötigt. Dieser zusätzliche Aufwand wird von Kostenträgern nicht refinanziert.

> *„man muss sich Zeit nehmen: Einarbeiten, Reflektionsgespräche führen - ggf. hoher Zeitaufwand bei der Einarbeitung bei nicht vorhandenen Ressourcen“ (PR11: 9-10)*

Das führt dazu, dass in der Regel Fachkräfte aus der Stammbelegschaft, sowie Teile der Einrichtungsleitung neben ihren täglichen Aufgaben zusätzlich die Anleitung und Begleitung von Praktikant*innen übernehmen. Die Professionalisierung der Berufsgruppe wird damit zu einer Sonderleistung, welche allen Beteiligten viel Engagement über ihre tägliche Arbeit hinaus abverlangt. Praktiker*innen führt dies nicht selten in ein Dilemma. Ihnen wird die Abwägung abverlangt, entweder:

⇒ Zeit für die Begleitung von Praktikant*innen aufzuwenden, oder
⇒ Klient*innen bei der Bewältigung ihrer problematischen Lebenssituation zur Seite zu stehen.

Lediglich in einer Aussage wurde formuliert, dass für den Einsatz von Praktikant*innen in der Einrichtung eigene Prozesse vorhanden sind.

Für Praktikant*innen wirken Anleiter*innen als Rollenmodelle. Darauf wurde im Fragebogen analytisch in der Kategorie der **Verantwortung** gegenüber Praktikant*innen Bezug genommen. In den Antworten wurde deutlich, dass die Befragten die Bedeutung des Praktikums im Hinblick auf die Ausbildung künftiger Fachkräfte bewusst ist. Sowohl bei den Einrichtungen als auch bei den befragten Personen besteht der Anspruch, Praktikant*innen bestmöglich anzuleiten und ihre Arbeit mit Ihnen auszuwerten. So stellt die **Feedbackkultur** in den Antworten ein wichtiges Kriterium dar, um Praktikant*innen einen Eindruck über ihre generelle Eignung für den Beruf zu vermitteln. Dies zeigt umso mehr, dass bei einer ernsthaften Wahrnehmung der Anleitung dafür entsprechende Zeitkontingente unabdingbar erscheinen. So wurde in den Fragebögen auch deutlich, dass Praxispartner innen die an sich selbst gerichteten Ansprüche einer professionellen Anleitung zum Teil nicht immer ganz gerecht werden können.

> *„Mehrarbeit und Zeitaufwand für Mentoren, die nicht im Personalschlüssel berechnet sind“ (PR11: 52)*

Spezifischer lassen Antworten in der Kategorie **Rahmenbedingungen und Ressourcen** Aussagen darüber zu, woran es denn den Praktiker*innen mangelt. Hauptsächlich wird angeführt, dass es an Personal, Zeit und Geld fehlt um sowohl die Anleitung als auch die adäquate Unterstützung von Klient*innen gleichermaßen in den Praxisalltag einbinden zu können. Wenn aufgrund des Personalschlüssels keine entsprechenden zeitlichen Ressourcen für die Begleitung von Praktikant*innen eingeräumt werden, bedeutet das für alle letztlich einen zusätzlichen Mehraufwand.

> *„es braucht Zeit und eine gute Vorbereitung um Praktikanten zu betreuen, die eigenen Abläufe werden gestört und es muss ein Mehraufwand getätigt werden" (PR11: 56)*

Übergreifend wird die Bereitschaft deutlich, diesen Mehraufwand leisten zu wollen, weil damit ein wichtiger Beitrag für die Ausbildung künftiger Sozialarbeiter*innen verbunden wird. Um genauere Hinweise zu erhalten, wurden in der Kategorie Refinanzierung und Motivation entsprechende Rückmeldungen gesammelt. In den Refinanzierungskostensätzen sind laut Rückmeldungen entsprechende Zeitkontingente nicht berücksichtigt, die eine Fachkraft für die Anleitung von Praktikant*innen aufbringt. In einigen Aussagen werden daher direkt Kostenträger die Verantwortung genommen.

> *„bindet viel nicht refinanzierte Zeit von Fachkräften*
>
> *zusätzlicher Aufwand ohne Refinanzierung" (PR11: 35-36)*

Praktiker*innen nehmen auch war, dass diese Rahmenbedingungen von Praktikant*innen reflektiert werden, diese aufgrund der fehlenden Bezahlung des Praktikums möglicherweise unmotiviert sind.

> *„intensive Betreuung, Aufgabenverteilung und Kontrolle bei unmotivierten Praktikanten " (PR11: 77)*

Dies wirkt auf die ohnehin knappen Zeitkontingente in der Praxis zurück, weil Fachkräfte dann gegebenenfalls noch mit Nacharbeiten oder Kontrollaufgaben belastet sind.

Neben den angesprochenen Herausforderungen haben Praktika auch bedeutende Vorteile. Im Gegensatz zu Mehraufwand meldeten Praktiker*innen zurück, dass Praktika auch zu einer **Arbeitsentlastung** beitragen können.

> *„den sog." frischen Wind", u.U. Fachkräftegewinnung, Abwechslung für die Klienten, Entlastung für die Kollegen“ (PR10: 9)*

Praktikant*innen unterstützen das Team, entlasten bei der alltäglichen Arbeit mit Klient*innen und tragen in der Praxis dazu bei, dass generell mehr Personal anwesend ist (welches nicht unmittelbar auf die Kostensätze durchschlägt). In einigen Aussagen wird dieser Vorteil jedoch ein wenig eingeschränkt. Praktikant*innen werden erst dann als Unterstützung betrachtet, wenn diese gut eingearbeitet wurden.

> *„neue Impulse für die Arbeit, nach Einarbeitung Unterstützung und Entlastung bei zunehmender Arbeitsverdichtung“ (PR10: 21)*

Seitens der Praxis wird hier ein Investment gesehen, dessen Social-Return ungewiss ist. Als Risiko wird betrachtet, dass die Länge des Praktikums nicht immer dazu geeignet ist, dass eine Unterstützung des Teams durch Praktikant*innen gewährleistet werden kann.

Als größter Vorteil wird mit 44 Antworten die Chance zur **Reflexion und die Innovation** durch Praktika gesehen. Praktikant*innen bringen neue Ideen und frischen Wind in die Alltagsarbeit ein. Sie stellen Fragen zu althergebrachten Arbeitsweisen und bringen einen Blickwinkel von außen auf eingefahrene Strukturen mit. Sie regen dadurch die Selbstreflexion des Teams und dessen Arbeit an. Sie ermöglichen neue Blickwinkel im Kontext des Theorie-Praxis-Bezuges, weil sie neue theoretische Sichtweisen und Methoden aus dem Studium mitbringen.

> *„Impulse durch junge Menschen; Impulse durch Brücke zu wissenschaftlichen Arbeiten; personelle Unterstützung, Impulse durch neue Persönlichkeit“ (PR10: 25)*

Im Gegensatz zum befürchteten Bruch in der Beziehungskontinuität für Klient*innen wurde im Fragebogen die **Abwechslung** betont, welche mit Praktika verbunden ist. So können Klient*innen neue Kontakte knüpfen oder sich auch an Projekten beteiligen, für die sonst die personellen Ressourcen fehlen.

Übergreifend wird aus der Praxis der **Beitrag zur Fachkräfteausbildung** im Rahmen von Praktika wahrgenommen. Dies wird durchaus als eine WIN-WIN-Situation dargestellt. Studierende erhalten die Möglichkeit, Theorien und Methoden in der Praxis anzuwenden. Sie erhalten Einblicke in die institutionalisierte Praxis Sozialer Arbeit, wie zum Beispiel in das Schichtsystem, die Aktenführung oder auch die Kommunikation mit dem Umfeld.

> *„Selbstreflexion des Teams, Unterstützung bei der Arbeit mit Klienten, Fachkräftegewinnung" (PR10: 13)*

Praktiker*innen profitieren vom quasi ethnologischen Blick, welchen Studierende in die Praxis einbringen. Praktika werden als gute Möglichkeit zur **Fachkräftegewinnung** gesehen.

> *„Gewinnung künftiger Mitarbeiter, Auswahl unter Realbedingungen - man weiß, wen man bekommt (Vorteile Praktikant*innen" (PR10: 50)*

Bereits frühzeitig kann unter realen Bedingungen für das Arbeitsfeld geworben und potentielle Mitarbeiter*innen für eine Zusammenarbeit angesprochen werden.

Auftragsklärung und Erwartungen an Praktika

Im Fragebogen wurden Rückmeldungen zur Auftragsklärung und zur Klärung von Erwartungen an das Forschungsteam herangetragen. So stellte sich in den Antworten heraus, dass zum Teil nicht klar ist, worin genau der Auftrag der Praxis besteht, beziehungsweise was die Hochschulen erwarten. Gleiches trifft auf die Perspektive der Praktikant*innen zu. Diesen wird gelegentlich konstatiert, entweder falsche Erwartungen an das Arbeitsfeld oder aber gar keine Erwartungen zu haben. Als institutionalisierter Ort der Klärung wechselseitige Erwartungen zwischen Hochschule und Praxis gilt die Anleitungsfortbildung zur Zertifizierung von Praktikumsstellen. Eine Erwartungsklärung zwischen Praxis und Studierenden kann entweder während der Praxistage an der Hochschule oder aber im Zuge der Bewerbungsgespräche mit angehenden Praktikant*innen erfolgen. Einzubeziehen ist auch die potentielle Perspektive von Klient*innen. Gerade in kritischen Lebenssituationen benötigen Klient*innen eine Beziehungskontinuität, die durch wechselnde Bezugspersonen verlorengeht.

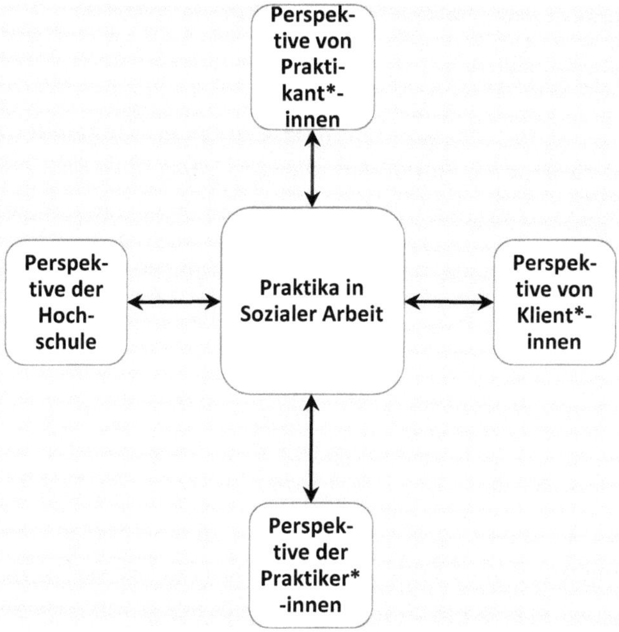

Abbildung 8: Perspektiven auf Praktika in Sozialer Arbeit

Eine fehlende Klärung von Erwartungen kann zu Frustrationen beitragen. So wird in der Kategorie **Eignung von Praktikant*innen** in den Antworten dargestellt, dass hin und wieder in den Praktika eine mangelnde Eignung für das Arbeitsfeld festgestellt wurde. Die Antworten legen nahe, dass dies auf die Person des/der Praktikant*innen selbst, oder aber fehlendes theoretisches Hintergrundwissen, beziehungsweise einen mangelnden Praxisbezug während des Studiums und einer damit verbundenen mangelhaften Vorbereitung auf das Praxissemester zurückgeführt wird.

Einige Arbeitsfelder scheinen für die Beschäftigung von Praktikant*innen weniger gut geeignet zu sein. Dies legen Antworten in der Kategorie **Eignung für Arbeitsfelder** nahe. Dies gilt hauptsächlich für Arbeitsfelder, in denen beispielsweise Hospitationen weniger gut ermöglicht werden können. Die betrifft beispielsweise Arbeitsfelder mit einem hohen Grad im Hinblick auf die Verschwiegenheitsverpflichtungen oder die vorausgesetzte Expertise (z. Bsp. im Strafvollzug oder in der forensischen Psychiatrie). Als hemmend für den Einsatz von Praktikant*innen werden aus der Praxis auch herausfordernde administrative Abläufe dargestellt.

Diskussion der Ergebnisse

Folgend werden die Ergebnisse aus beiden Befragungen miteinander in Verbindung gesetzt. Dabei soll die Frage beantwortet werden: „Wie beeinflusst der Fachkräftemangel die Situation von Praktikant*innen des Studiengangs B. A. Soziale Arbeit?"

In dieser Hinsicht wird zunächst die aktuelle Situation der Praxispartner*innen der EAH Jena und der FH Erfurt in einen Bezug zu Fachkräfteengpässen und zur Fachkräftegewinnung gesetzt.

In den Fragebögen wurden verschiedene Angaben darüber gemacht, wie viele Fachkräfte in den nächsten Jahren erwartungsgemäß benötigt werden. Gründe für den Fachkräftemangel werden beispielsweise in der Fluktuation von Mitarbeiter*innen oder auch im Hinblick auf demografische Rahmenbedingungen gesehen. Generell ist der Fachkräftemangel in etwa 54,2 % der Antworten ein Thema. Gerade in stationären Einrichtungen, wie der Kinder- und Jugendhilfe werden durch die hohe Arbeitsbelastung (z. Bsp. Schichtarbeit, Wochenenddienste, 24 Stunden Dienste) Gefährdungen für die Gesundheit von Mitarbeitenden gesehen. Berufstypische Gegebenheiten werden als Problem für Akquise von Fachkräften beschrieben. Dazu zählen beispielsweise die benannten Schichtdienste oder auch die Wochenendarbeit, die sich auf die Vereinbarkeit von Beruf und Familie auswirken. Demografische Einflüsse zeigen sich beispielsweise in der sinkenden Bewerber*innenlage. Teilweise wurde in den Antworten eine mangelnde Fachkenntnis oder eine mangelnde Motivation und Belastbarkeit von Bewerber*innen genannt. Dies lässt sich in einen Zusammenhang zur bereits dargestellten Auftragsklärung und Erwartungen an Praktika (S. 66) bringen. Je mehr im beruflichen Handeln Interaktionen im Vordergrund stehen, desto intensiver sind die unterschiedlichen Perspektiven der Beteiligten einzubeziehen. Durch die Reflexion differenter Perspektiven kann Frustrationen und Enttäuschungen durch möglicherweise falsche Erwartungen an den Beruf oder das Arbeitsfeld im Dialog vorgebeugt werden.

Weniger häufig werden als Gründe für den Fachkräftemangel Themen genannt, die sich auf die Einrichtungen selbst beziehen.

Nahezu alle Einrichtungen nutzen die Möglichkeit, Praktikant*innen zu beschäftigen. Lediglich 4 Einrichtungen bieten laut Nennung keine Praktikumsstelle an. Nur ein*e Praxispartner*in schließt Praktika als Möglichkeit zur Fachkräftegewinnung aus. Ein generalisiertes Problem wird bei der Bezahlung ersichtlich. Lediglich 9 der befragten Praxispartner*innen gaben an, Praktikant*innen finanziell zu entlohnen oder zumindest dazu bereit zu sein.

Einrichtungen versuchen über verschiedene Anreize Fachpersonal zu akquirieren und zu binden. Bei jedem 4. der befragten Praxispartner setzt sich die Mitarbeiterschaft zur Gänze aus Hochschulabsolventen*innen zusammen. Gleichwohl gilt es zu bedenken, dass es Einrichtungen gibt, welche keine oder lediglich wenige Akademiker*innen im Personal haben. Sieben Einrichtungen gaben an, überhaupt keine Hochschulabsolvent*innen zu beschäftigen.

Strategien zur Fachkräftegewinnung

Für die Akquise von Personal werden unterschiedliche Strategien herangezogen. Insbesondere werden die eigene Homepage des Trägers, Ausschreibungen über das Jobcenter und interne Ausschreibungen als probate Mittel für die Fachkräftegewinnung angesehen. Weniger stark wird auf Mailverteiler und Aushänge in den Hochschulen oder Zeitungsannoncen zurückgegriffen. Insbesondere die Bereiche der Berufsmessen, der Praxistage oder auch der Kontaktbörsen bieten Potenzial nach oben, weil diese Kanäle in Bezug auf avisierte Festeinstellungen weniger stark bespielt werden. Praxispartner*innen, die den Fachkräftemangel besonders stark wahrnehmen, schaffen bereits Anreize. Zu den Anreizen zählen neben einer tariflichen Entlohnung beispielsweise auch die strukturierte Einarbeitung, Gestaltungsmöglichkeiten, sowie unbefristete Verträge. Dies dürfte im Hinblick auf die Konkurrenz um Fachkräfte künftig an Relevanz gewinnen. Anderenfalls kann das Fachkräftehopping, das gegenseitige Abwerben von Fachkräften zu Problemen führen. Als Bindungsstrategie für Fachkräfte gilt auch die Reputation einer Einrichtung oder eines Trägers, welcher langjährige Expertise in spezifischen Arbeitsfeldern aufbauen konnte.

In den Rückmeldungen schwankt die konkrete Zeit bezüglich benötigter Fachkräfte stark. Die Antwortspanne reicht von 0-30 benötigten Mitarbeiter*innen in den nächsten beiden Jahren. Vor dem Hintergrund demografischer Entwicklungen werden Einrichtungen, welche die Relevanz der Themen einer adäquaten Bezahlung und der arbeitsfeldspezifischen Belastung von Mitarbeiter*innen erkennen, einen elementaren Vorteil bei der Akquise und der Bindung von Fachkräften erlangen.

Eine Möglichkeit, qualifiziertes Fachpersonal in der Organisation auszubilden und zu binden, stellt das Praktikum dar für das

> *„Anwerben von potentiellen Mitarbeitern" (PR10: 20)*

dar (41 Nennungen).

Unter guter Anleitung und Einarbeitung sind Praktikant*innen in der Lage, Fachkräfte adäquat zu unterstützen. Sie lernen die Trägerspezifik (z. Bsp. Arbeitsplatzrahmenbedingungen) kennen und erhalten so einen Einblick in die berufliche Praxis. Eine finanzielle Entlohnung während des Praktikums kann eine gute Strategie für die Rekrutierung künftiger Fachkräfte sein. Zu einer Bindung künftiger Fachkräfte können flexible Jobmodelle beitragen, wie das Angebot, geeignete Praktikant*innen durch einen Nebenjob mit einem gewissen Maß an zeitlicher Flexibilität bei der Finanzierung ihres Studiums zu unterstützen. Über das Praktikum hinaus wird einer adäquaten Bezahlung ein erhebliches Potenzial dafür zugeschrieben, sich langfristig an einen Träger zu binden oder sich auch in Führungsverantwortung einzuarbeiten. Teilweise in Diskrepanz dazu, wird die Situation von Studierenden im Praktikum wahrgenommen.

Situation Studierender im Praxissemester

Das Praxissemester wird von Studierenden überwiegend positiv bewertet. Studierende schätzen den Einblick in die Praxis und die Erfahrung, erstmals in ihrer Rolle als künftige Sozialarbeiter*in wahrgenommen zu werden. Das Praktikum wird als lehrreich und bereichernd beschrieben.

In den Fragebögen wurde auch deutlich, dass Studierende im Praxissemester zusätzlichen Belastungsfaktoren ausgesetzt sind, die zum Teil als starke Beeinträchtigung empfunden werden. Eine Herausforderung stellt die Umstellung vom Hochschulalltag hin zu einer Vollzeit-Arbeitswoche (zum Teil im Wechsel oder Schichtdienst) dar. Dies ist allerdings noch von der reklamierten Mehrfachbelastung abzugrenzen, denen sich einige Studierende während der Dauer des Praxissemesters ausgesetzt sehen. Dies bezieht sich vor allem auf Studierende, die zur Sicherung ihres Lebensunterhaltes auf eine Erwerbstätigkeit angewiesen sind. Als weiterer Belastungsfaktor können notwendige Care-Aufgaben hinzukommen. Studierende finden sich dann in dem Dilemma wieder,

⇒ Anforderungen aus Beziehung, Familie oder Pflege bedürftiger Angehörender,
⇒ Anforderungen der Hochschule (laut Studien- und Prüfungsordnung),
⇒ Anforderungen aus dem Praktikum und
⇒ Anforderungen aus einem etwaigen notwendigen Nebenjob

miteinander austarieren zu müssen. So wird in den Antworten zum Teil eine Verschlechterung der finanziellen Situation von Studierenden angegeben. Finanzielle Einbußen resultieren daraus, dass Nebentätigkeiten aufgegeben werden müssen, um das Pensum des Praktikums zu erfüllen. Fast ein Drittel derer, die einer Nebentätigkeit nachgehen gaben an, diese während des Praxissemesters nicht aufrechterhalten zu können.

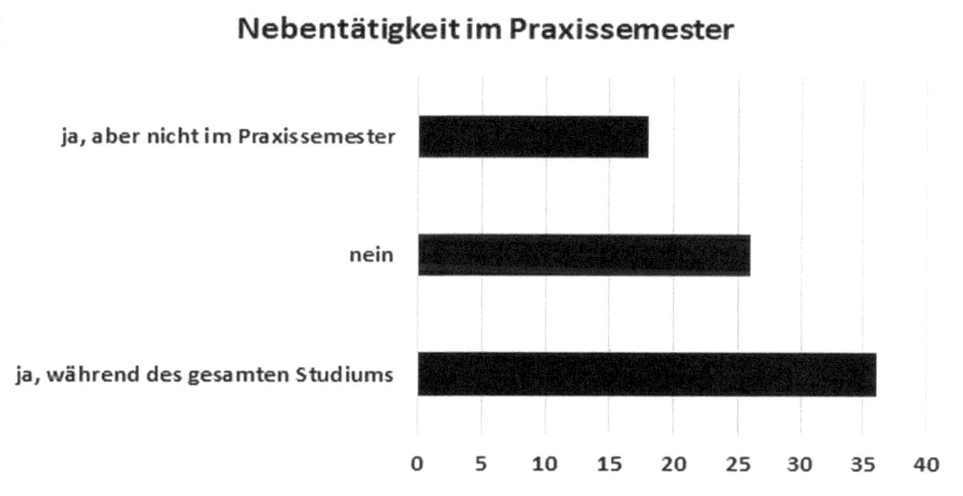

Abbildung 9: Gehen Sie einer Nebentätigkeit nach? (Angaben in absoluten Zahlen)

Auf die Frage nach der Finanzierung des Studiums antworteten die meisten Studierenden, dass sie dies durch eine Erwerbstätigkeit bewerkstelligen. Darüber hinaus lassen die Antworten in folgender Grafik darauf schließen, dass Studierende mehrere Einkommensquellen haben. Diese Erkenntnis deckt sich mit der weiteren Datenlage (Middendorf et al., 2017, 42ff).

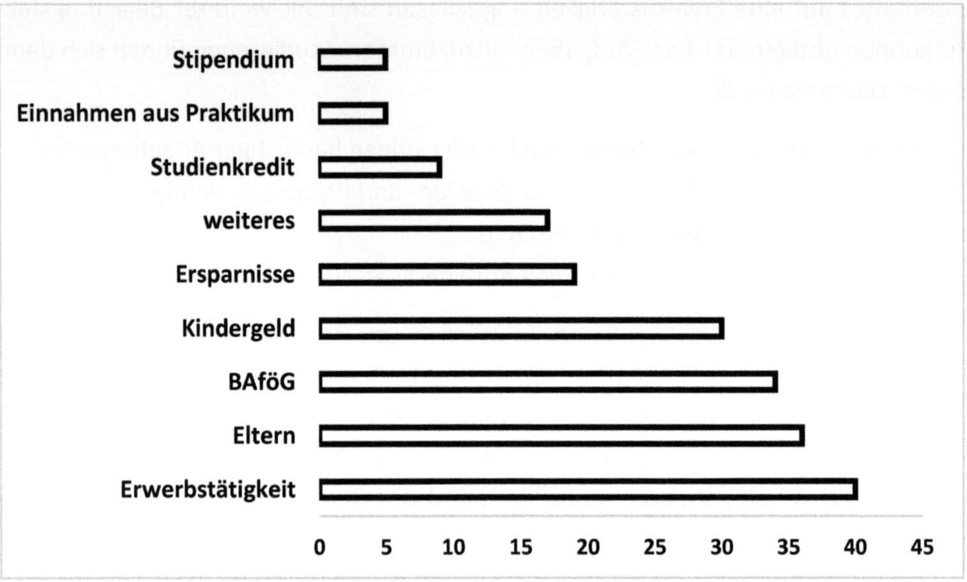

Abbildung 10: Wie finanzieren Sie sich im Studium?

Muss der Nebenjob zur Existenzsicherung aufrechterhalten werden, kann dies zu einer als enorm wahrgenommene Belastung führen. Folgen werden unter anderem in gesundheitlichen Problemen gesehen. Diese zeigen sich in mentaler und körperlicher Erschöpfung oder auch Schlafmangel.

> *„Schlafmangel aufgrund von einem Nebenjob während der 40h Woche und mentaler Auslastung. (Beeinträchtigung durch Praktika“ (PR09: 62)*

Besorgniserregend erscheint, dass es in Extremfällen zu einer Missachtung von Arbeitsschutzgesetzen kommen kann (z. Bsp. kurze Wechsel zwischen Erwerbstätigkeit und Einsatz im Praktikum). Von Studierenden wird dies oft hingenommen, um dem Druck der Existenzsicherung und dem Absolvieren eines guten Praktikums gerecht zu werden. So wurde in einer Rückmeldung angegeben:

„Ich hatte einen Nebenjob (Nachtschichten). Ich bin teilweise morgens nach der Arbeit direkt zum Praktikum und vom Praktikum zur Arbeit“ (PR09: 25)

In den Arbeitsfeldern der sozialen Arbeit richten sich die Betreuungszeiten, Beratungs- und Unterstützungsangebote üblicherweise nach den Bedürfnissen der Klient*innen. Schichtdienste, geteilte Dienste, sowie Dienste an Wochenenden, an Sonn- und Feiertagen sind daher üblich. Teilweise wurden diese von Praktikant*innen als große Umstellung oder Arbeitsbelastung empfunden. Diese Erkenntnisse sind jedoch Teil der Praxiserfahrung, die gemacht werden müssen, da diese den professionellen Alltag innerhalb der Arbeitsfelder der sozialen Arbeit bestimmen. Im Fragebogen gaben Praktikant*innen an, dass sie häufig Aufgaben von Fachkräften und zum Teil volle Verantwortung übernahmen, teilweise damit auch überfordert sind.

*„Anleitung während des Praktikums würde ich weder als schlecht noch gut einschätzen, eher mittelmäßig. Habe mich anfangs häufig allein gelassen gefühlt; Umgang mit Klient*innen und anderen Aufgaben wirkte häufig chaotisch und wenig methodisch; teilw. war ich durch mir zugeteilte Aufgaben überfordert (entsprachen nicht meinem Wissensstand); bot allerdings die Möglichkeit, sich selbst viel auszuprobieren und eigene Herangehensweisen zu finden.“ (PR08: 27)*

Je nachdem, wie die Anleitung Begleitung innerhalb der Pressestelle erfolgte, bewerten einige Studierende dies als Möglichkeit über sich hinauszuwachsen.

Möglichkeiten zur Verbesserung der Bedingungen im Praxissemester

Die bisher dargestellten Forschungsergebnisse führen zu Überlegungen, wie

⇒ Ausbildungsbedingungen weiterentwickelt und

⇒ eine engere Verbindung zwischen Bildungsprozessen in Hochschule und Praxis für die Förderung der Professionalität angehender Sozialarbeiter*innen gelingen können.

Als ein übergreifendes Thema kann aus der bisherigen Diskussion die Etablierung eines *Hochschul-Praxis-Dialogs* aufgegriffen werden. In diesem Dialog geht es zunächst einmal darum, Perspektiven, Erwartungen oder auch Ziele miteinander in Verbindung zu setzen und abzugleichen. Dahinter liegt die Erkenntnis, dass die praktische Arbeit als nicht standardisierter Prozess gilt und Sozialarbeiter*innen in der Praxis oft unmittelbar fallbezogene Entscheidungen treffen. Praktikant*innen lernen in der Praxis, Entscheidungsdispositionen fallangemessen zu beurteilen und daran anschließend geeignete Handlungsoptionen abzuleiten. Neben diesem nicht standardisierten Handlungsprozess gilt das Bemühen einer standardisierten Begriffsbildung, damit den Akteur*innen eine Verständigung miteinander in der Praxis und den akademischen Kontexten gelingen kann.

Neben diesem übergreifenden Thema sollten sowohl in der akademischen Ausbildung, als auch in der Praxis Bedingungen geschaffen werden, welche Professionalisierungsschritte fördern. Dazu zählt beispielsweise das Thema einer angemessenen Vergütung, damit Studierende im Praktikum Zeitkontingente zwischen beruflicher Tätigkeit, Anforderungen im Praktikum, Familie oder auch ehrenamtliche Verpflichtungen ausbalancieren können. Das Thema der Vergütung deckt sich mit Anliegen in der Praxis. Obgleich eine tarifliche Bezahlung oft genannt wurde, ist diese nicht überall gegeben. Gleiches gilt für die Kontinuität der Tätigkeit von Sozialarbeiter*innen. Dahingehend wurde das Bedürfnis laut, finanziell berechenbare Rahmenbedingungen als Standard und nicht als Ausnahme zu betrachten. Studierenden im Praktikum hilft eine Vergütung dabei, keine Mehrfachbelastungen in Kauf nehmen zu müssen. Dabei helfen auch bereits einmalige Aufwandsentschädigungen. Für Sozialarbeiter*innen in der Praxis schafft eine angemessene Vergütung und eine Kontinuität der Arbeit jenseits von Projektstellen die Möglichkeit, Klient*innen die notwendige Beziehungssicherheit in Krisensituationen zu ermöglichen. Gleichermaßen tragen allgemeinverbindliche tarifvertragliche Regelungen zu einer Berechenbarkeit sozialer Dienstleistungen auch für die öffentlichen Träger bei.

Zu den Rahmenbedingungen zählen auch berechenbare und planbare Karrierewege zum Erreichen von Führungspositionen, welche auch im Dialog zwischen Hochschule und Praxis in Bezug auf die erforderliche akademische Bildung entwickelt werden können.

Im Hinblick auf das Gefälle zwischen Stadt und Land könnten spezifische Förderinstrumente ländliche Räume stärken, die weite Wege, Schwierigkeiten mit der Personalgewinnung oder auch eine weniger gut ausgestattete Infrastruktur ausgleichen helfen.

Des Weiteren wurde im Kontext dieser Studie deutlich, dass Praktikant*innen eine kontinuierliche Anleitung, regelmäßige Feedback- und Reflexionsgespräche innerhalb der Praxiseinrichtung schätzen. Anleitungspersonen gelten für Praktikant*innen als Rollenmodelle. Sie geben Ihnen die Sicherheit, sich während des Praxissemesters in der künftigen Rolle als Sozialarbeiter*in zu erproben, sich weiterzuentwickeln und die nötigen Kompetenzen auszubilden.

Weitere Aspekte nehmen die Studien Rahmenbedingungen in den Blick. Der Aufbau des berufspraktischen Semesters an der Ernst-Abbe-Hochschule Jena unterscheidet sich in gewissen Punkten von der studienbegleitenden Praxisphase der Fachhochschule Erfurt. Davon unabhängig wünschten sich befragte Studierende eine flexiblere Einteilung in Bezug auf den gesamten Zeitraum des Praxissemesters oder auch die Möglichkeit, Urlaub oder Pausen einlegen zu können. Dies trifft vor allem auf Studierende mit Kindern zu. Oft liegen eine oder mehrere Ferienzeiten während des Praktikums, die Eltern zumindest zum Teil mit ihren Kindern verbringen wollen. In Bezug auf den Wunsch nach Pausen, Unterbrechungen oder einer flexiblen zeitlichen Handhabung des Praktikums ist jedoch zu beachten, dass die staatliche Anerkennung genaue Anforderungen an den Umfang des Praktikums knüpft. Studierende, die entsprechende Rückmeldungen im Fragebogen hinterließen sind bereit, Unterbrechungen und Urlaubszeiten herauszuarbeiten (z. Bsp. durch eine Verlängerung der Praxisphase).

Für das Forschungsteam überraschend waren Erkenntnisse, welche sich um die viel diskutierte Frage nach der Professionalität und der Professionalisierung sozialer Arbeit ranken. In dieser Hinsicht gehen die Ansichten darüber, was und wer als Fachkraft gilt auseinander. Müller (2016) plädiert im Anschluss an Oevermann (1996) dafür, Professionalisierungsbemühungen arbeitsfeld- und fallspezifisch zu beurteilen und zuvorderst die Frage zu klären, worum es in der Zusammenarbeit geht.

Das Generalziel jedweden professionellen Engagements ist die (Wieder-)Herstellung der Autonomie auf Seiten der Klient*innen, damit diese (weitgehend) eigenständig und unabhängig von Hilfesettings ihr Leben gestalten. In der Regel zeigt sich die Professionalisierungsbedürftigkeit in den Arbeitsfeldern Sozialer Arbeit bereits darin, dass fachliche Abwägungen darüber getroffen werden müssen, wie mit beschädigter Autonomie in Interaktionen umzugehen ist. Erschwerend kommt hinzu, dass Sozialarbeiter*innen selten allein die „Fall"-Verantwortung tragen. Sie sind in multiprofessionellen Teams unterschiedlich intensiv in die Zusammenarbeit mit Klient*innen involviert. In multiprofessionellen Teams haben unterschiedliche Akteure differente Perspektiven auf den Fall. Sie bedienen sich unterschiedlicher Fachbegriffe, um zu beschreiben, was sie tun. Nicht selten bleiben Missverständnisse oder Unklarheiten zurück, weil Zeiträume für erforderliche Dialoge entweder nicht zur Verfügung stehen oder für Klärungs- und Aushandlungsprozesse nur unzureichend genutzt werden. Das Bemühen um Professionalität benötigt implementierte Zeiträume für fallbezogene Fachdiskurse, in denen sich die unterschiedlichen Berufsgruppen darüber verständigen, worauf sie ihr Handeln beziehen. Für angehende Sozialarbeiter*innen bedeutet dies, dass im Rahmen des Praktikums die Anwendung der Fachsprache im Umgang mit Kolleg*innen und in der Zusammenarbeit mit anderen Berufsgruppen geübt und gefestigt wird. Fehlen entsprechende Zeiträume für die Reflexion der Zusammenarbeit, für den Fachdiskurs über Fälle und die Fallangemessenheit von Interaktionen, dann bleiben auf Seiten Studierender interpretationsbedürftige Leerstellen. Eine Aufarbeitung erfolgt teilweise in den Begleitveranstaltungen an der Hochschule, die aber einen Fallbezug allenfalls unter Laborbedingungen herzustellen vermag. Dies unterstreicht die Bedeutung der Praxis für die Professionalisierung des beruflichen Handelns und hebt erneut die Wichtigkeit einer engen Verbindung zwischen Hochschule und Praxis hervor. Gerade in Bezug auf Anleitungsverhältnisse in Praktika ist der Austausch unabdingbar. Es spricht sehr viel dafür, diesen Austausch studienbegleitend im Sinne eines wechselseitigen Transfers zu institutionalisieren. Auch dazu gab es eine entsprechende Rückmeldung.

> *„[...] Wissenstransfer zwischen Theorie und Praxis-beidseitig ein Zugewinn! (PR10: 11)*

Dies könnte in gemeinsamen Kasuistikveranstaltungen gelingen, in denen aus den Perspektiven der Wissenschaft und der Praxis gemeinsam mit Studierenden an Fallkonstellationen gearbeitet wird.

Das Bemühen besteht darin, mit Burkhard Müller (2017) aus Geschichten zu lernen und in diesem Lernprozess Fallschilderungen (Vignetten) als Bildungsgeschichten hermeneutisch zu entschlüsseln und diese methodisch auch zu transformieren. Diese Bemühungen benötigen Zeit

⇒ für die Anleitung, die Reflexion und das Feedback mit Studierenden im Praktikum,
⇒ für die Aushandlungsprozesse in multiprofessionellen Teams,
⇒ für die Zusammenarbeit mit Klient*innen hauptsächlich und
⇒ für transferorientierte Dialoge, in denen Wissenschaft und Praxis mit- und voneinander lernen.

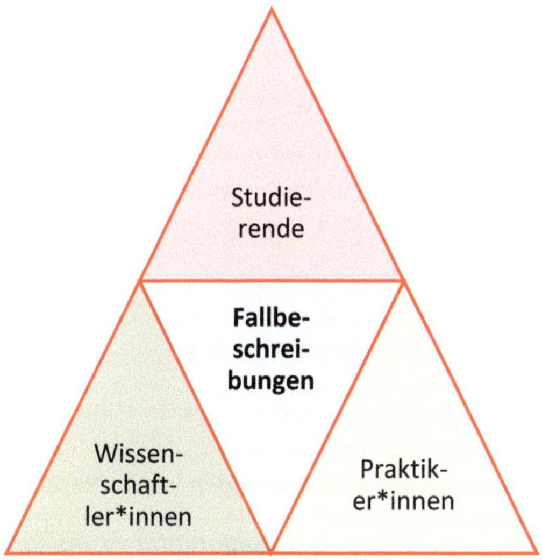

Abbildung 11: Falldialog im kasuistischen Diskurs

Auch in der Praxis sind demnach (Aus-)Zeiten vom Handlungsdruck hilfreich, um sich über die eigene Rolle und deren Selbstverständnis zu vergewissern.

In der Praxis führt der angesprochene Handlungsdruck dazu, dass Fachkraftbegriffe entweder nach Rahmenbedingungen gedehnt werden (z. Bsp. werden auch Quereinsteiger*innen mit einer Weiterbildung akzeptiert) und der Zwang der Verhältnisse eine gewisse Pragmatik erzwingt. So ist gut ausgebildetes Fachpersonal vor dem Hintergrund demografischer Bedingungen entsprechend rar. Facetten dieses Pragmatismus sind bereits in den Diskussionen um den Sinn und die Ziele der staatlichen Anerkennung an unterschiedlichen Stellen hervorgetreten, so dass sich unter anderem der Fachbereichstag Soziale Arbeit wiederholt mit dieser Thematik befasste und eine Stellungnahme dazu abgab (Fachbereichstag Soziale Arbeit [FBTS], 2019). Der eher pragmatische Umgang mit dem Begriff der Fachkraft und der damit in Verbindung stehenden Einstellungspraxis zeigt, dass der Fachkräftemangel längst kein diffuses Gefühl, sondern harte Realität ist. Dies zeigen nicht nur die Ergebnisse dieser Studie, in der mehr als 50 % der befragten Einrichtungen in ihren Antworten den Fachkräftemangel als Problem benannten. Sie liegen konform mit allen herangezogenen Studien der Bundesagentur für Arbeit (2018), der Thüringer Ausbildungsmarktbilanz (Bundesagentur für Arbeit, Regionaldirektion Sachsen-Anhalt-Thüringen, 2020) oder auch dem Sozialwirtschaftsbericht Thüringen (Ehrlich, Martin, Hänel, Anja, 2012). Auch Einrichtungen, die aktuell keinen Fachkräftemangel reklamieren, leiden unter knappen zeitlichen und finanziellen Ressourcen. Dahingehend stellt sich die Frage, wie dem Fachkräftemangel entgegengewirkt werden kann.

Dem Fachkräftemangel entgegenwirken

Die Ergebnisse dieser Studie weisen auf 5 konzertierte Handlungsebenen hin:

Handlungsebene der Arbeitsplatzrahmenbedingungen in der Praxis:

⇒ *finanzielle Entlohnung/ Aufwandsentschädigung für Praktikant*innen, damit Mehrfachbelastungen durch den Zwang zur Erwerbstätigkeit gemildert wird*
⇒ *familien-, pflegefreundliche Arbeitszeitmodelle*
⇒ *transparente Karrierewege*
⇒ *Zeitkontingente für die Anleitung, und Begleitung von Praktikant*innen*
⇒ *Klärung von Erwartungen an Studierende, von Möglichkeiten und*

Grenzen der Zusammenarbeit

Handlungsebene der Rekrutierungswege in der Praxis

⇒ *Nutzung von Praktika für die Akquise künftiger Fachkräfte*
⇒ *Spreizung der Rekrutierungswege durch Ansprache potentieller Interessent*innen auf unterschiedlichen Ebenen (z. Bsp. Jobbörsen, Praxistage an Hochschulen, Social Media, Hospitationen, Tage der offenen Tür, Ausbildungsmessen etc.)*

Handlungsebene des Dialogs zwischen Praxis und Hochschule

⇒ *Dialog zwischen Praxis und Hochschule zur Verständigung über wechselseitige Erwartungen, Anforderungen und Ziele an das Praktikum*
⇒ *Anleitungsfortbildungen*
⇒ *kasuistische Dialoge zwischen Wissenschaft und Praxis als Felder des gemeinsamen Lernens*
⇒ *gemeinsame Begriffsbildung und Auseinandersetzung über arbeitsfeld-spezifische Professionalisierungsanfor-derungen*

Handlungsebene der Hochschule

⇒ *Möglichkeiten für mehr zeitliche Flexibilität im Praktikum prüfen/ ermöglichen*
⇒ *Prüfen von Begleit- und Vorbereitungsveranstaltungen für Praktikant*innen, gegebenen-falls im Dialog mit der Praxis*
⇒ *Einbezug der Praxis in die akademische Bildung im Rahmen von Forschungsprojekten, Lehreinheiten, welche einen Transfer ermöglichen*

Handlungsebene der Studierenden

⇒ *Auseinandersetzung mit Inhalten des Studiums, insbesondere auch mit den Studienrahmen-bedingungen (z. Bsp. Struktur des Studiums, zeitliche Lage von Modulen, Prüfungs- und Lernbelastungen)*
⇒ *Auseinandersetzung mit den Rahmenbedingungen des Praktikums, den Arbeitsplatzrahmenbedingungen im angestrebten Tätigkeitsfeld (z. Bsp. Schicht- und Wochenendar-beit)*
⇒ *Klärung von Erwartungen, Lernzielen und angestrebten Ergebnissen*

Handlungsebene der politische Rahmenbedingungen

⇒ *Standards für die tarifliche Bezahlung von Fachkräften als Rahmenbedingung, Gewährleistung der fachlichen Autonomie für Fachkräfte, Festschreibung bundesweit geltender Kriterien von*

Standards für die staatliche Anerkennung als Fachkraft (anhand der vom Fachbereichstag Soziale Arbeit im Qualifikationsrahmen festgelegten Kriterien)

Abbildung 12: Handlungsebenen gegen den Fachkräftemangel

Die Möglichkeit der Strukturierung von Praktika

> *„Praktikant*innen erhalten bei uns eine monetäre Aufwandsentschädigung, um bereits Auszubildenden Anerkennung und Wertschätzung entgegenzubringen. Wir legen auch Wert darauf, dass die Studierenden während ihres Praktikums bei uns auch andere Einrichtungen des Trägers kennenlernen, um einen allumfassenden Einblick in das Tätigkeitsfeld zu erhalten." (Weiteres: 8)*

und zur Rekrutierung von Fachkräften über Praktika werden teilweise bereits genutzt.

> *„zukünftigen Mitarbeitern den Job schmackhaft machen" (PR10: 78)*

> *„Nachwuchsgewinnung für unseren Arbeitsbereich" (PR10: Pos. 101)*

Diese Zitate spiegeln eine Denkweise wider, die auf die Bewältigung der Herausforderungen des Fachkräftemangels und der Ausbildung eines qualifizierten Nachwuchses gerichtet ist. Neben der angesprochenen Wertschätzung geht es jedoch um eine generelle Haltung, dass Soziale Arbeit - Arbeit ist -, einen Wert besitzt und vor diesem Hintergrund finanziell entlohnt wird.

Die überwiegende Einstellung zu dieser Thematik führt jedoch die Bedingungen vor Augen, mit denen die Akteur*innen in der Praxis umgehen. Studierende geben an, dass sie sich überwiegend damit abgefunden haben, keine Entlohnung oder Aufwandsentschädigung zu erhalten. Zahlreiche Studierende ziehen den Gedanken erst gar nicht in Erwägung, weil sie nicht wissen, dass einige Einrichtungen unter bestimmten Bedingungen Aufwandsentschädigungen bieten. Dies führt zu einer resignativen Haltung, die sich in folgendem Zitat spiegelt:

> *„Geld wäre schön als Kriterium 'habe es aber noch nie erlebt eine Bezahlung als Praktikant*in zu erhalten." (PR08: 31)*

In der Praxis besteht überwiegend die Bereitschaft, Praktika auch vergüten zu wollen, wenn es die Rahmenbedingungen zulassen. Die fehlende Refinanzierung von Praktika über Kostensätze steht dem entgegen.

> *„Wir würden gerne unsere tollen Praktikant*innen bezahlen, leider ist es beim besten Willen nicht möglich aus Geldmangel." (Weiteres: 17)*

Einzelangaben verdeutlichen jedoch auch, dass die Vergütung von Praktika

> *„vom Träger nicht erwünscht" (Weiteres: 17)*

ist. Wie kann dieser Diskrepanz begegnet werden? Die Handlungsebenen gegen den Fachkräftemangel legen nahe, dass Veränderungen am ehesten durch ein Zusammenwirken auf den unterschiedlichen Ebenen im Sinne eines konzertierten Vorgehens erreicht werden. Dieses soll neben dem abgestimmten Handeln aller Akteur*innen auf den unterschiedlichen Ebenen jedoch nicht zu einer Haltung des Abwartens beitragen. Auch die Veränderungen auf einer Ebene tragen bereits dazu bei, dass Schritte gegen den Fachkräftemangel auch Auswirkungen bei anderen Akteur*innen nach sich ziehen. Auf politischer Ebene können beispielsweise Standards dazu beitragen, dass die Vergütung von Praktika in die Refinanzierung der Kostensätze Eingang finden. Dahingehend wäre das Thema von allen Akteur*innen wiederholt vorzutragen und auf die politisch-öffentliche Agenda zu bringen.

Veränderungen auf der Ebene einzelner Handlungsebenen verschaffen einen relativen Vorteil in der Konkurrenz um gut ausgebildete Fachkräfte für die komplexe Praxis Sozialer Arbeit. Vergütung von Praktika tragen in nicht unerheblichem Maße zur Attraktivität des Trägers und zur frühen Bindung angehender Sozialerbeiter*innen bei.

> *„Bindung an Betrieb" (PR10: 15)*

> *„Anwerben von potentiellen Mitarbeitern" (PR10: 20)*

Nicht zu vernachlässigen ist die Vermeidung gesundheitlicher Beeinträchtigungen, weil Mehrfachbelastungen (z. Bsp. durch erforderliche Nebenjobs für die finanzielle Absicherung der Existenz) weitgehend ausgeschlossen werden und sich Praktikant*innen auf ihre Kerntätigkeit konzentrieren.

Die Sinusstudien machen darauf aufmerksam, dass heranwachsende Generationen andere Bedürfnisse für ihr Leben artikulieren (Barth et al., 2017, 10ff; Hempelmann & Flaig, 2019). Gesellschaftliche Veränderungen brechen sich in diesen Milieus (Gruppen-Gleichgesinnter, die sich in Lebensauffassung und Lebensweise ähneln) Bahn und wirken sich auf die Lebensgestaltung aus. Dazu zählen Themen, wie die gesellschaftliche Beschleunigung, die Multioptionengesellschaft oder die Produktion gesellschaftlicher Risiken, die von heranwachsenden Generationen als Hypotheken wahrgenommen werden (Beck, 2016; Gross, 2005; Rosa, 2016). Vor dem Hintergrund dieser Reflexionsfiguren wird deutlich, dass sich junge Menschen nicht mehr ausschließlich für den Lebensunterhalt eine berufliche Tätigkeit binden. Mit der Erwerbstätigkeit werden weitere Attribute, wie Nachhaltigkeit, die Vereinbarkeit von Familie und Beruf oder auch der Anspruch auf eine persönliche Weiterentwicklung verbunden. Daraus resultiert, dass sich subjektiv als sinnvoll erachtete Kategorien auf die Wahlmöglichkeiten für eine Erwerbstätigkeit auswirken. Für Arbeitgeber*innen bedeutet dies, dass diejenigen die höchsten Chancen bei der Akquise von Fachkräften haben, die bereits in ihren Arbeitsplatzrahmenbedingungen und der Ausschreibung relevante Kategorien berücksichtigen. Dabei könnte neben einer tariflichen Entlohnung unter anderem eine freiere Gestaltung der Arbeitszeit und Jahres- oder Lebensarbeitszeitkonten hilfreich sein.

Trotz des bereits angekommenen oder erwarteten Fachkräftemangels ist es dringend angeraten, bei der Auswahl neuer Mitarbeiter*innen genauer hinzuschauen. So können Eignungstests, qualifizierte Arbeitszeugnisse oder eben auch Praktika gemeinsame Situationen schaffen, die dazu beitragen, dass Qualitätsstandards aufrechterhalten werden.

> *„Arbeitgeber lernt Person beim Arbeiten kennen" (PR10: 5)*

> *„Beide Seiten können testen ob eine weitere Zusammenarbeit passt" (PR10: 44)*

Erfahrungen zeigen, dass die (persönliche) Eignung von Bewerber*innen und auch von Studierenden für Praktika in Sozialer Arbeit ausschlaggebend erscheint. Die staatliche Anerkennung ersetzt nicht die Beurteilung von Arbeitgeber*innen, inwiefern eine Person für das entsprechende Tätigkeitsfeld als geeignet erachtet wird.

Bedeutsam für die Akquise von Fachkräften ist darüber hinaus die Qualität der Netzwerkarbeit und der Kommunikation zwischen den Beteiligten.

In der Kontrastierung der Fragebögen an Studierende und Praxispartner*innen wurde deutlich, dass die bereits angesprochene Kommunikation zwischen den Hochschulen und den Praxispartner*innen verbesserungswürdig erscheint. Entsprechend der Anforderungen der staatlichen Anerkennung, schreiben Hochschulen mit Fachbereichen Sozialer Arbeit in ihren Studienordnungen die Verbindung zwischen akademischer Bildung und Praxiserfahrungen im Kontext von Praktika fest. Unsicherheiten bezüglich des Stellenwertes des Praktikums im Studium oder ungeklärte Aufträge können angestrebte Bildungseffekte des Praxissemesters schmälern. Zwischen allen Beteiligten sollte im Rahmen von Anleitungsfortbildungen oder auch in Hochschul-Praxis-Dialogen diskutiert werden, worin die Lerninhalte und die Lernziele im Praxissemester bestehen und wie diese erreicht werden können. Es lohnt in dieser Hinsicht, den Austausch zwischen Praxis und Hochschulen zu intensivieren.

Im Kontext der professionellen Zielrichtung Sozialer Arbeit sollte Studierenden bereits während des Studiums klar werden, dass sich praktische Beratung- und Unterstützungsangebote nach den Bedürfnissen von Klient*innen richten. Zum Teil sind diese in den Alltag von Klient*innen in ihrer konkreten Lebenssituation eingebunden. Arbeitszeiten schließen im Rahmen von Schicht- oder Wochenenddiensten daran an. Die Aufgabe von Hochschulen wäre es, Studierenden bereits frühzeitig einen ungeschönten Blick auf die Praxis Sozialer Arbeit zu eröffnen und sie entsprechend darauf vorzubereiten. Gegebenenfalls kann die Praxis im Rahmen von Einzellehraufträgen, Praxisbesuchen und auch Berichten aus der Praxis bereits eingebunden werden.

Einen weiteren sehr wichtigen Baustein bildet die politische und administrative Ebene. Es erscheint unbedingt notwendig, sich auf politischer Ebene mit den Themen der Arbeitsplatzrahmenbedingungen und der Finanzierung sozialer Dienstleistungen generell auseinanderzusetzen. Dies betrifft beispielsweise die bereits angesprochene besondere Förderung sozialer Dienstleistungen im ländlichen Raum und die zwischen Praxis und Kostenträger*innen auszuhandelnden Standards für Kostensätze, welche auch die Refinanzierung von Praktika und die Freistellung von Anleitungspersonen einbeziehen.

Dem Fachkräftemangel kann darüber hinaus durch strukturierte Weiterbildungsprogramme entgegengewirkt werden. Akademiker*innen mit artverwandten Abschlüssen oder auch Quereinsteiger*innen kann über akademische Weiterbildungsprogramme die Möglichkeit zum Erlangen einer staatlichen Anerkennung eröffnet werden. Dies kann beispielsweise durch das Belegen von Modulen mit Kompetenzzielen aus dem Qualifikationsrahmen Sozialer Arbeit, durch das Nachholen von administrativen oder rechtlichen Themen und durch die Reflexion und Supervision der durch Fachkräfte angeleiteten Praxis geschehen.

Zu guter Letzt, soll die Verantwortung Studierender angesprochen werden. Sie sollten sich vorab über Tätigkeitsfelder Sozialer Arbeit, über Rahmenbedingungen von Praxispartner*innen (z. Bsp. Arbeitszeiten, die Vereinbarkeit von Praktikum und sonstiger Erwerbstätigkeit) informieren.

Mit dem Studium und Praktikum treten sie in die Kommunikation gegenüber Hochschule und Praxispartner*innen als verantwortliche Akteur*innen ein. Dementsprechend liegt es auch in ihrer Verantwortung bei unzumutbaren Beeinträchtigungen, das Gespräch mit beiden Seiten zu suchen und gegebenenfalls Lösungsansätze anzubieten. An der Hochschule bieten die Begleitveranstaltungen, wie Supervision oder auch Praxisreflexion dazu eine Möglichkeit.

Resümee

Die vorliegend explorative Studie bot dem Forschungsteam reichhaltige Einblicke in die Verbindung von Studium und Praxis im Kontext des Praxissemesters. Die Differenziertheit der Einsichten war vorab nicht zu erwarten gewesen. Zahlreiche Antworten in den Fragebögen geben Anlass für gezieltere Forschungen auch über die beiden Hochschulen Erfurt und Jena hinaus. Grundsätzlich wurde in der Nachbesprechung des Forschungsteams ein Monitoring angeregt, welches Trends und Entwicklungen in den Landschaften von Hochschulen und Praxis sichtbar werden lässt. Denkbar ist hier neben dem Mixed-Methods-Design auch die Auflage als partizipative Studie, welche gemeinsam mit der Praxis entwickelte Fragestellungen einbezieht.

Besonders dankbar ist das Forschungsteam allen, die Zeit Mühe und Energie aufgewendet haben, um diese Studie zu ermöglichen. So bleibt die Hoffnung, dass die Studie Resonanz findet, zur Reflexion und zu Veränderungen - wenn auch in kleinen Schritten - Anlass bietet.

Literaturverzeichnis

Angermeier, K. & Plettau, N. (2017). Erwartungen der Praxis an die Ausbildung zur Sozialen Arbeit: 100 Jahre Ausbildung zur Sozialen Arbeit in Hamburg. *Soziale Arbeit, 66*(5/6), 220–227. https://docplayer.org/58264330-5-soziale-arbeit-zur-sozialen-arbeit-in-hamburg-100-jahre-ausbildung.html

Barth, B., Flaig, B. B., Schäuble, N. & Tautscher, M. (2017). *Praxis der Sinus-Milieus®: Gegenwart und Zukunft eines modernen Gesellschafts- und Zielgruppenmodells*. Springer Fachmedien Wiesbaden. https://ebookcentral.proquest.com/lib/gbv/detail.action?docID=5113320

Beck, U. (2016). Risikogesellschaft: Auf dem Weg in eine andere Moderne (23. Aufl.). Edition Suhrkamp: 1365 = Neue Folge Band 365. Suhrkamp.

Becker-Lenz, R. (Hg.). (2012). Edition Professions- und Professionalisierungsforschung: Bd. 1. Professionalität Sozialer Arbeit und Hochschule: Wissen, Kompetenz, Habitus und Identität im Studium Sozialer Arbeit. Springer VS.

Becker-Lenz, R. & Müller, S. (2009). Der professionelle Habitus in der Sozialen Arbeit: Grundlagen eines Professionsideals. Profession und Fallverstehen: Bd. 1. Lang. http://www.socialnet.de/rezensionen/isbn.php?isbn=978-3-03-911759-8

Bigalke, M., Lohse, E., Martini, J.-H. & Schneider, L.-M. (2018). Soziale Angebote im ländlichen Raum: Bedürfnisse der Bewohnenden des Saale-Holz-Landkreises hinsichtlich sozialer Angebote - unveröffentlichter Forschungsbericht. Jena.

Brinkerhoff, Uwe, Adolph (Hg.). (2012). *Fachkräftesicherung und Qualifizierung in der Kinder- und Jugendhilfe in Thüringen*. https://docplayer.org/17001003-Fachkraeftesicherung-und-qualifizierung-in-der-kinder-und-jugendhilfe-in-thueringen.html

Bundesagentur für Arbeit (Hg.). (2018). *Blickpunkt Arbeitsmarkt: Akademikerinnen und Akademiker*. https://statistik.arbeitsagentur.de/Navigation/Statistik/Arbeitsmarktberichte/Berufe/Berufe-Nav.html

Bundesagentur für Arbeit. (2019). Thüringen: Zahl der Pendler auf gleichem Niveau wie im Vorjahr: Zahl der Auspendler steigt nur sehr gering im Vergleich zum Vorjahr an – Top Ziele sind Bayern und Hessen – Attraktivität von Thüringen als Arbeitsort steigt – Zahl der Einpendler in den letzten 10 Jahren um knapp 45% gestiegen. Presseinfo Nr. 45. https://www.arbeitsagentur.de/vor-ort/rd-sat/content/1533727987768

Bundesagentur für Arbeit, Regionaldirektion Sachsen-Anhalt-Thüringen (2020, Oktober). Thüringer Ausbildungsmarktbilanz: Weniger Bewerber und Stellenangebote: 1.770 unbesetzte Stellen – Behrens sieht Corona und Demografie als Gründe – Nachvermittlung läuft, gute Chancen für Ausbildungssuchende. *Presseinfo Nr. 71/ 2020*. https://www.arbeitsagentur.de/vor-ort/rd-sat/2020-071

Bundesarbeitsgemeinschaft der Landesjugendämter (Hg.). (2005). Das Fachkräftegebot des Kinder- und Jugendhilfegesetzes: Beschluss der 79. Arbeitstagung vom 08. bis 10.11.1995 in Köln; Aktualisierung durch die 97. Arbeitstagung vom 10. bis 12.11.2004 in Erfurt. https://www.google.com/url?sa=t&rct=j&q=&esrc=s&source=web&cd=&ved=2ahU-KEwihr8CNtuHuAhUlYsAKHb3MDs8QFjABegQIAxAC&url=http%3A%2F%2Fwww.bagl-jae.de%2Fdownloads%2F094_fachkraeftegebot_2005.pdf&usg=AOvVaw1uwelz-3Ei5NXi_5HTnCPA

Bundesministerium für Bildung und Forschung (Hg.). (2017). Studiensituation und studentische Orientierungen - Zusammenfassung zum 13. Studierendensurvey an Universitäten und Fachhochschulen: Studiensituation und studentische Orientierungen - Zusammenfassung zum 13. Studierendensurvey an Universitäten und Fachhochschulen. https://www.google.com/url?sa=t&rct=j&q=&esrc=s&source=web&cd=&ved=2ahU-KEwiHq9KBwdDuAhUOAGMBHZlsCb4QFjABegQIAxAC&url=https%3A%2F%2Fwww.soziologie.uni-kon-

stanz.de%2Ftypo3temp%2Fsecure_downloads%2F101284%2F0%2F8f0c2b692bb060753bead044da8dfd2a4eb3a54e%2FStudierendensurvey_Ausgabe_13_Hauptbericht.pdf&usg=AOvVaw0eE06We3umzDfWCSrs6nVA

Bundesministerium für Bildung und Forschung. (2019). Bundesausbildungsförderungsgesetz (BAföG): Bundesgesetz über individuelle Förderung der Ausbildung (Bundesausbildungsförderungsgesetz - BAföG) in der Fassung der Bekanntmachung vom 7.Dezember 2010 (BGBl. I 1952; 2012 I S.197), das zuletzt durch Artikel 3 des Gesetzes vom 8. Juli 2019 (BGBl. I S. 1048) geändert worden ist. https://www.bafög.de/de/bundesausbildungs--foerderungsgesetz---bafoeg-204.php

Calmbach, M. & Schleer, C. (2020). *Berufsorientierung und „Future Readiness" Jugendlicher: Eine repräsentative SINUS-Studie zur Sicht der Eltern* (1. Aufl.). *SINUS-Studien*. Springer Fachmedien Wiesbaden GmbH. https://doi.org/10.1007/978-3-658-31269-5

Charmaz, K. (2014). Constructing grounded theory (2. Aufl.). Introducing qualitative methods. SAGE.

Deutscher Berufsverband für Soziale Arbeit e.V. (Hg.). *Berufsethik*. https://www.dbsh.de/profession/berufsethik.html

Deutscher Berufsverband für Soziale Arbeit e.V. *Staatliche Anerkennung*. https://www.dbsh.de/profession/staatl-anerkennung.html

Deutschland. (2015). Anpassungsstrategien zur regionalen Daseinsvorsorge: Empfehlungen der Facharbeitskreise Mobilität, Hausärzte, Altern und Bildung. MORO-Praxis: Heft 2. BMVI. http://www.bbsr.bund.de/BBSR/DE/Veroeffentlichungen/BMVI/MOROPraxis/2015/DL_MORO_Praxis_2_15.pdf?__blob=publicationFile&v=4

Dewe, B., Ferchhoff, W. & Olaf-Radtke, F. (Hg.). (1992). *Erziehen als Profession: Zur Logik professionellen Handelns in pädagogischen Feldern*. VS Verlag für Sozialwissenschaften. https://doi.org/10.1007/978-3-663-09988-8

Dietrich, F. (2014). Professionalisierungskrisen im Referendariat: Rekonstruktionen zu Krisen und Krisenbearbeitungen in der zweiten Phase der Lehrerausbildung. Zugl.: Hannover, Univ., Diss., 2011 u.d.T.: Dietrich, Fabian: Professionalisierungskrisen: Rekonstruktionen zu Krisen, Krisenerleben und Krisenbearbeitungen im Referendariat. Rekonstruktive Bildungsforschung: Bd. 1. Springer VS.

Ehrlich, M., Fritzsche, K., Albrecht, M. & Behr, M. (2010). Die Fachkräfteentwicklung in der Thüringer Gesundheits- und Sozialwirtschaft: Neue Herausforderungen für personalwirtschaftliches Handeln. Paritätische Tarifgemeinschaft Thüringen e.V. (PATT).

Ehrlich, Martin, Hänel, Anja. (2012). *Sozialwirtschaftsbericht Thüringen: Langfassung*. Eigenverlag Thüringer Ministerium für Soziales, Familie und Gesundheit. https://www.google.com/url?sa=t&rct=j&q=&esrc=s&source=web&cd=&ved=2ahUKEwiG7qv-xdLuAhXwMewKHYZWA5QQFjAAegQIBhAC&url=https%3A%2F%2Fwww.thueringen.de%2Fde%2Fpublikationen%2Fpic%2Fpubdownload1310.pdf&usg=AOvVaw0xNBigh4vDJ2yCb15hhoiw

Engel, F. (2019). Beratung unter Onlinebedingungen. In S. Rietmann, M. Sawatzki & M. Berg (Hg.), *Soziale Arbeit als Wohlfahrtsproduktion. Beratung und Digitalisierung: Zwischen Euphorie und Skepsis* (1. Aufl., S. 3–39).

(2016).

Fachbereichstag Soziale Arbeit. (2019). Stellungnahme des Fachbereichstages (FBTS) zur Staatlichen Anerkennung von Sozialpädagog*innen/Sozialarbeiter*innen. https://www.fbts-ev.de/stellungnahmen/beschl%C3%BCsse/empfehlungen

Fachhochschule Erfurt (Hg.). (2012). Studiengangsspezifische Bestimmungen des Bachelorstudiengangs Soziale Arbeit an der Fachhochschule Erfurt/Anlage zur Rahmenprüfungs- und Rahmenstudienordnung der Fachhochschule Erfurt für die Bachelor- und Masterstudiengänge. https://www.fh-erfurt.de/fhe/index.php?eID=tx_nawsecuredl&u=0&file= fileadmin/Material/Verkuendungsblatt/vkbl_40/Ordnungen/SB_BA_SA_PO20122.pdf&t=1603025827&hash=607f183b272fa49bec8b6930b7044fed

Fachhochschule Erfurt (Hg.). (2019). - Modulkatalog für den Bachelorstudiengang „Soziale Arbeit“ an der Fakultät Angewandte Sozialwissenschaften der Fachhochschule Erfurt. https://www.fh-erfurt.de/soz/fileadmin/SO/Dokumente/Studium/BA_S

Fischer, J. (2021). Fachkräfte in der öffentlichen Verwaltung als Diener zweier Herren? Kooperation im Spagat zwischen Netzwerk- und Verwaltungslogik. In J. Fischer & G. Graßhoff (Hg.), *Sozialmagazin. Sonderband. Fachkräfte! Mangel!: Die Situation des Personals in der Sozialen Arbeit* (1. Aufl., S. 48–59).

Freistaat Thüringen, Ministerium für Arbeit, Soziales, Gesundheit, Frauen und Familie. (ohne Jahr). *Ärzte für Thüringen*. https://www.tmasgff.de/gesundheit/aerzte-fuer-thueringen

Freistaat Thüringen, Ministerium für Soziales, Familie und Gesundheit (Hg.). (2013). *Umsetzung des Fachkräftegebotes in den über die Richtlinie „Örtliche Jugendförderung“ bezuschussten Projekten*. Eigenverlag. https://www.google.com/url?sa=t&rct=j&q=&esrc=s&source=web&cd=&ved=2ahU-KEwjknI3XuuHuAhWUSsAKHUKSAjsQFjAAegQIARAC&url=https%3A%2F%2Fbildung.thueringen.de%2Ffileadmin%2Fjugend%2Flandesjugendhilfeausschuss%2Fbeschluesse%2F2012%2Fanlage_zu_63-12_umsetzung_des_fachkr__ftegebotes.pdf&usg=AOvVaw2kP4o7TzIfUWj-DHgmztyw

Garz, D., Raven, U. & Oevermann, U. (2015). *Theorie der Lebenspraxis: Einführung in das Werk Ulrich Oevermanns. Lehrbuch*. Springer VS. https://doi.org/10.1007/978-3-658-07308-4

Geissler, B. (2013). Professionalisierung und Profession. Zum Wandel klientenbezogener Berufe im Übergang zur post-industriellen Gesellschaft. In J. Gillessen, J. Keil & P. Pasternack (Hg.), *Die Hochschule: 22. Jahrgang, 1 (2013). Berufsfelder im Professionalisierungsprozess: Geschlechtsspezifische Chancen und Risiken* (S. 19–32). Institut für Hochschulforschung (HoF) an der Martin-Luther-Universität Halle-Wittenberg.

Germain, C. B. & Gitterman, A. (1988). *Praktische Sozialarbeit: Das "life model" der sozialen Arbeit* (2., unveränd. Aufl., gekürzte Fassung). Enke.

Glaser, B. G., Strauss, A. L. & Paul, A. T. (2005). Grounded theory: Strategien qualitativer Forschung (2. Aufl.). Gesundheitswissenschaften Methoden. Huber.

Gross, P. (2005). Die Multioptionsgesellschaft (1. Aufl.). Edition Suhrkamp: 1917 = N.F., 917. Suhrkamp.

Hempelmann, H. & Flaig, B. B. (2019). *Aufbruch in die Lebenswelten: Die zehn Sinus-Milieus als Zielgruppen kirchlichen Handelns* (1. Auflage 2019). Springer Fachmedien Wiesbaden GmbH; Springer VS.

Herzog, W. (2011). Professionalität im Beruf der Lehrerinnen und Lehrer. In H. Berner & H.-U. Grunder (Hg.), Professionswissen für Lehrerinnen und Lehrer: / Hans Ulrich Grunder ... (Hrsg.); Bd. 8. Lehrer-Identität, Lehrer-Rolle, Lehrer-Handeln (S. 49–77). Schneider-Verl. Hohengehren.

Kasten, A. & Lampert, A. (2021). Blickpunkt Online-Beratung. Erwartungen, Themen und Zugänge aus Sicht der Berater*innen. In J. Fischer & S. Erbring (Hg.), *Zukunft der Beratung - im Erscheinen.*

Kasten, Anna, Lampert, Andreas. (2020). Führung neu denken - Führungskompetenzen in der Arbeitswelt 4.0. Eigenverlag.

Ketelsen, S. (2014). Praktika in sozialen Berufen – eine empirische Studie über die sozioökonomische Lebenssituation von Studierenden: Master-Thesis zur Erlangung des akademisches Grades Master of Arts (M.A.) in dem Studiengang Praxisforschung in Sozialer Arbeit und Pädagogik an der Alice Salomon Hochschule Berlin. http://docplayer.org/17850729-Praktika-in-sozialen-berufen-eine-empirische-studie-ueber-die-soziooekonomische-lebenssituation-von-studierenden.html

Krüger, K. (2018). Herausforderung Fachkräftemangel: Erfahrungen, Diagnosen und Vorschläge für die effektive Personalrekrutierung. BestMasters. Springer Gabler. http://www.springer.com/

Kuckartz, U. (2014). *Mixed Methods: Methodologie, Forschungsdesigns und Analyseverfahren*. Springer VS. https://doi.org/10.1007/978-3-531-93267-5

Lampert, A. (2009). Professionelles Handeln in der sozialen Arbeit mit "chronisch mehrfachbeeinträchtigt Abhängigkeitskranken" ("CMA") auf der Grundlage fallrekonstruktiver Studien. @Jena, Univ., Diss., 2009. Dokument ... aus dem GRIN-Verlagsprogramm: V145539. GRIN.

Middendorf, E., Apolinarski, B., Becker, K., Bornkessel, P., Brandt, T., Heißenberg, S. & Poskowski, J. (Hg.). (2017). Die wirtschaftliche und soziale Lage der Studierenden in Deutschland 2016. Zusammenfassung zur 21. Sozialerhebung des Deutschen Studentenwerks – durchgeführt vom Deutschen Zentrum für Hochschul- und Wissenschaftsforschung. Berlin: Bundesministerium für Bildung und Forschung (BMBF). Eigenverlag BMBF. https://www.google.com/url?sa=t&rct=j&q=&esrc=s&source=web&cd=&ved=2ahU-KEwjTltnXy9DuAhVynVwKHb3aD7EQFjACegQIBhAC&url=https%3A%2F%2Fwww.studentenwer-ke.de%2Fsites%2Fdefault%2Ffiles%2Fse21_hauptbericht.pdf&usg=AOvVaw3CKhVXYwSQkNj0l5rMBr9E

Müller, B. (2012). Professionalität. In W. Thole (Hg.), *Grundriss Soziale Arbeit: Ein einführendes Handbuch* (4. Aufl., S. 955–974). VS Verlag.

Müller, B. & Freund, U. H. (2017). *Sozialpädagogisches Können: Ein Lehrbuch zur multiperspektivischen Fallarbeit*. Lambertus-Verlag. https://ebookcentral.proquest.com/lib/gbv/detail.action?docID=5476684

Müller, H. (2016). *Professionalisierung von Praxisfeldern der Sozialarbeit* (1. Aufl.). *Rekonstruktive Forschung in der Sozialen Arbeit: v.17*. Budrich Barbara. https://ebookcentral.proquest.com/lib/gbv/detail.action?docID=4822903

Oevermann, U. (1996). Theoretische Skizze einer revidierten Theorie professionalisierten Handelns. In A. Combe & W. Helsper (Hg.), *Suhrkamp-Taschenbuch Wissenschaft: Bd. 1230. Pädagogische Professionalität: Untersuchungen zum Typus pädagogischen Handelns* (9. Aufl., S. 70–182). Suhrkamp.

Palfrey, J. G., Gasser, U. & Reinhart, F. (2008). *Generation Internet: Die Digital Natives: wie sie leben, was sie denken, wie sie arbeiten*. Hanser. http://deposit.d-nb.de/cgi-bin/dokserv?id=3099219&prov=M&dok_var=1&dok_ext=htm

Pfister, A. (2017). Praktika Im Studium Soziale Arbeit: Das Verhältnis Von Theorie Und Praxis Vor Dem Hintergrund Eines Kritisch Verstandenen Kompetenzbegriffs. Vorab-Onlinepublikation. https://doi.org/10.5281/ZENODO.1019743

Rädiker, S. & Kuckartz, U. (2019). *Analyse qualitativer Daten mit MAXQDA: Text, Audio und Video. Lehrbuch*. Springer VS. http://www.springer.com/

Reich, K. (Hg.). (2012). Pädagogik. Inklusion und Bildungsgerechtigkeit: Standards und Regeln zur Umsetzung einer inklusiven Schule. Beltz. http://sub-hh.ciando.com/book/?bok_id=303446

Rosa, H. (2016). Beschleunigung: Die Veränderung der Zeitstrukturen in der Moderne (11. Aufl.). Suhrkamp-Taschenbuch Wissenschaft: Bd. 1760. Suhrkamp.

Schultheis, F., Egger, S., Bolder, J., Fietkau, W., Pialoux, C. & Schwibs, B. (2020). *Habitus und Praxis. suhrkamp taschenbuch wissenschaft*. Suhrkamp.

Seithe, M. (2012). *Schwarzbuch Soziale Arbeit* (2., durchgesehene und erweiterte Auflage). VS Verl. für Sozialwiss. http://gbv.eblib.com/patron/FullRecord.aspx?p=884594 https://doi.org/10.1007/978-3-531-94027-4

Stichweh, R. (1996). Professionen in einer funktional differenzierten Gesellschaft. In A. Combe & W. Helsper (Hg.), *Suhrkamp-Taschenbuch Wissenschaft: Bd. 1230. Pädagogische Professionalität: Untersuchungen zum Typus pädagogischen Handelns* (9. Aufl., S. 49–69). Suhrkamp.

Terhart, E. (2011). Lehrerberuf und Professionalität. Gewandeltes Begriffsverständnis - neue Herausforderungen. In W. Helsper & R. Tippelt (Hg.), *Pädagogische Professionalität* (S. 202–224). Beltz.

Thole, W. (Hg.). (2012). *Grundriss Soziale Arbeit: Ein einführendes Handbuch* (4. Auflage). VS Verlag.

Vogler-Ludwig, K. & Düll, N. (2013). Arbeitsmarkt 2030: Eine strategische Vorausschau auf Demografie, Beschäftigung und Bildung in Deutschland. Economix. Bertelsmann.

Weise, D. M. (2011). *Rekrutierung der Net Generation: E-Recruiting mit Hilfe von Web 2.0-Tools* (1. Auflage). Diplomica Verlag GmbH. http://www.diplomica-verlag.de/